Fakten • Rekorde • Stars

Fußball

MIT
EM 2024
SPECIAL

Die Angaben in diesem Buch sind ständigen
Änderungen und Aktualisierungen unterworfen.
Die enthaltenen Informationen geben, wenn nicht
anders vermerkt, den Stand im November 2023 wieder.

MIX
Papier | Fördert gute Waldnutzung
FSC® C111262

Bibliografische Information der Deutschen Nationalbibliothek:

Die Deutsche Nationalbibliothek verzeichnet diese Publikation in der
Deutschen Nationalbibliografie. Detaillierte bibliografische Daten sind
im Internet über **http://dnb.d-nb.de** abrufbar.

5 4 3 2 1

Postfach 2460, 88194 Ravensburg

Text: Barbara Iland-Olschewski, Stefanie Hahn
Gestaltung: Petra Kita, Stefanie Hahn
Umschlaggestaltung: Maria Seidel, atelier-seidel.de

Printed in Germany

ISBN 978-3-473-48076-0

ravensburger.com

Fakten • Rekorde • Stars

Fußball

Ravensburger

Inhalt

Das Spiel

Anstoß in England

Aus verschiedenen Jahrhunderten und weit verstreuten Teilen der Welt gibt es Belege dafür, dass Menschen sich schon seit langer Zeit für Ballsportarten begeistern, die Gemeinsamkeiten mit Fußball und Rugby aufweisen. Manche solcher Spiele waren Teil von bestimmten Festen und Zeremonien, andere wurden als Wettbewerbe ausgetragen oder galten als reine Freizeitbeschäftigung. Doch der Startschuss für das Fußballspiel, wie wir es heute kennen, fiel in England.

1

Fußballwettbewerb der Welt: FA Cup 1871–72
Länderspiel 1872: England – Schottland 0 : 0
Profispieler: die Schotten John Love und Fergus Suter für den englischen Verein Darwen, 1879

Das Eton Wall Game diente möglicherweise als Anregung für das „Quidditch"-Spiel in den Harry-Potter-Romanen.

Die Football Association

Im Londoner Gasthaus Freemason's Tavern kamen am 26.10.1863 Vertreter verschiedener Schulen und Klubs zusammen, mit dem Ziel, einheitliche Regeln festzulegen. Es war das Gründungstreffen der englischen Football Association, kurz FA, des ersten Fußballverbands der Welt. Man diskutierte heftig über die Regeln: Sollten Tritte gegen das Schienbein eines Gegners erlaubt sein? Durfte der Ball auch mit der Hand getragen werden?
Die Vertreter des Rugbyspiels wollten darauf nicht verzichten und gingen schließlich eigene Wege. Der FA gehörten schon acht Jahre später, 1871, 50 Klubs an.

Shrovetide Football

Bereits im Mittelalter wurde in England eine Urform von Fußball und Rugby zwischen zwei Dörfern oder Stadtteilen ausgetragen. Bei diesem fast regellosen Massenereignis lagen die „Tore" kilometerweit auseinander. Es gab kein abgegrenztes Spielfeld und keine festgelegte Mannschaftsgröße. Der Ball wurde durch Orte, Flüsse und Seen getrieben, über Hecken, Zäune und Viehweiden. Zuschauer mischten sich unter die Spieler, alle Körperteile kamen zum Einsatz – zum Befördern des Balls wie auch gegen das andere Team.
In Ashbourne, in der Grafschaft Derbyshire, pflegt man diese Tradition: Seit Jahrhunderten findet dort der „Shrovetide Football" statt. Als Tore dienten früher Mühlsteine, der Ball ist mit Kork gefüllt und zum Kicken nicht geeignet.

Die Spiele beim traditionellen „Shrovetide Football" in Derbyshire werden als lokales Derby-Match bezeichnet – ein Begriff, den man heute für alle Fußballspiele zwischen rivalisierenden Nachbarvereinen verwendet.

British Ladies

Die Londonerin Nettie Honeyball setzte sich 1894 für die Gründung des ersten englischen Frauenfußballklubs – „The British Ladies' Football Club" – ein. Im Jahr darauf fand das erste öffentliche Spiel vor etwa 10 000 Zuschauern statt.
Die Presse reagierte mit hämischen Kommentaren, bezeichnete das Spiel der Frauen als unweiblich und unattraktiv und heizte die Diskussionen über die Kleidung der Fußballerinnen an: Sie trugen Hütchen, weite Knickerbocker und manche darüber knielange Röcke.
Später kickten die British Ladies auch gegen Männermannschaften. 1902 verbot die FA ihren Mitgliedern Spiele gegen Frauenteams.

Englische Privatschulen

Spätestens seit Anfang des 19. Jahrhunderts erfreute sich das Spiel mit dem Ball an privaten Eliteschulen zunehmender Beliebtheit. Es entwickelten sich verschiedene Varianten, bei denen es oft brutal zur Sache ging. Die Regeln waren an jeder Schule anders, das Spielfeld richtete sich nach den vorhandenen Möglichkeiten. So begrenzt beim heute noch gespielten Eton Wall Game eine etwa 110 Meter lange Ziegelmauer den nur ca. fünf Meter breiten Spielfeldstreifen. Zu Beginn jeder Spielphase bilden die Sportler einen Pulk an der Mauer. Der Ball wird in die aneinandergedrückten Spieler gerollt. Beide Teams versuchen, ihn zu erkämpfen und ans gegnerische Ende zu befördern. Früher war die Faust im Gesicht des Gegners erlaubt – heute ist es verboten, andere Spieler zu schlagen oder festzuhalten. Tore fallen höchst selten, das letzte wurde 1909 erzielt.

Rund um die Welt

Etwa 265 Millionen Menschen auf der Welt spielen Fußball! Das fand der Weltfußballverband FIFA bei einer großen Befragung im Jahr 2006 heraus. Ob die Gründer der FA 1863 im englischen Pub mit einem solchen Erfolg gerechnet haben?

Grönland hat eine eigene Fußball-Nationalmannschaft, ist aber bisher nicht Mitglied der FIFA. Lange wurde die Ablehnung seiner Aufnahme in den Weltfußballverband mit dem Fehlen eines Naturrasenplatzes begründet.

In den **USA** steht die Fußballliga im Schatten der populäreren Sportarten American Football, Baseball, Basketball und Eishockey. „Soccer", wie das Fußballspiel in den USA heißt, wird aber immer beliebter. An Highschools und Colleges wird schon lange gekickt. Vor allem für Frauen ist Fußball als College-Sport interessant. Es gibt viele sehr gute Spielerinnen und tolle Teams. Die Frauen-Nationalmannschaft der USA gehört zu den erfolgreichsten der Welt.

Fußball ist Sportart Nummer eins in **Mittelamerika** – abgesehen von Panama und Nicaragua, wo das Interesse für Baseball überwiegt. Stärkste Fußballnation ist Mexiko. In der Karibik sind Kricket und Baseball die bevorzugten Sportarten.

Fußball ist in **Brasilien** Nationalsport und verbunden mit einer Lebensfreude, die im brasilianischen Samba und Karneval zum Ausdruck kommt. Brasiliens Kicker gelten als technisch geschickte, einfallsreiche Ballzauberer. 1950 und 2014 fand hier die Fußball-WM statt.

Mit britischen Seeleuten kam der Fußball nach **Südamerika**. Heute wird in Südamerika leidenschaftlich gekickt – man ist mindestens so fußballverrückt wie in Europa. Mancher Jugendliche hier hofft darauf, die Armut und die Elendsviertel als erfolgreicher Profifußballer hinter sich lassen zu können. Vorbilder sind Stars wie Pelé, Ronaldinho, Diego Maradona, Lionel Messi und andere berühmte Spieler, von denen viele ihre Herkunftsländer mit Hilfsprojekten unterstützen.

1874

11 Jahre nach Gründung der Football Association führte der Gymnasiallehrer Konrad Koch zusammen mit seinem Kollegen August Hermann das Fußballspiel an deutschen Schulen ein. Koch verfasste die ersten deutschen Fußballregeln und übersetzte englische Fachausdrücke. Viele seiner Begriffe – zum Beispiel Halbzeit, Strafstoß, Mittelstürmer – gelten bis heute.

Kaufleute, Studenten und Facharbeiter brachten das Spiel von England in andere europäische Länder. 1904 wurde in Paris der Weltfußballverband FIFA (Féderation Internationale de Football Association) gegründet. Gründungsmitglieder waren sieben europäische Verbände: Frankreich, Belgien, die Niederlande, Dänemark, Spanien, Schweden und die Schweiz. Fußball ist heute die beliebteste Sportart in **Europa** und hat den größten Anteil bei der Sportberichterstattung.

Russland war Gastgeber der Fußball-WM 2018. Die fußballbegeisterten Fans in diesem riesigen Land mussten manchmal weite Wege auf sich nehmen – die Anreise zu einem Auswärtsspiel konnte schon mal Tausende Kilometer lang sein. Wegen des harten Winters wird die russische Meisterschaft von März bis November ausgetragen.

Die EM 2020 wurde zum 60-jährigen Jubiläum des Turniers in zwölf Ländern in Europa ausgespielt. Das Finale fand im Wembley Stadion in London statt.

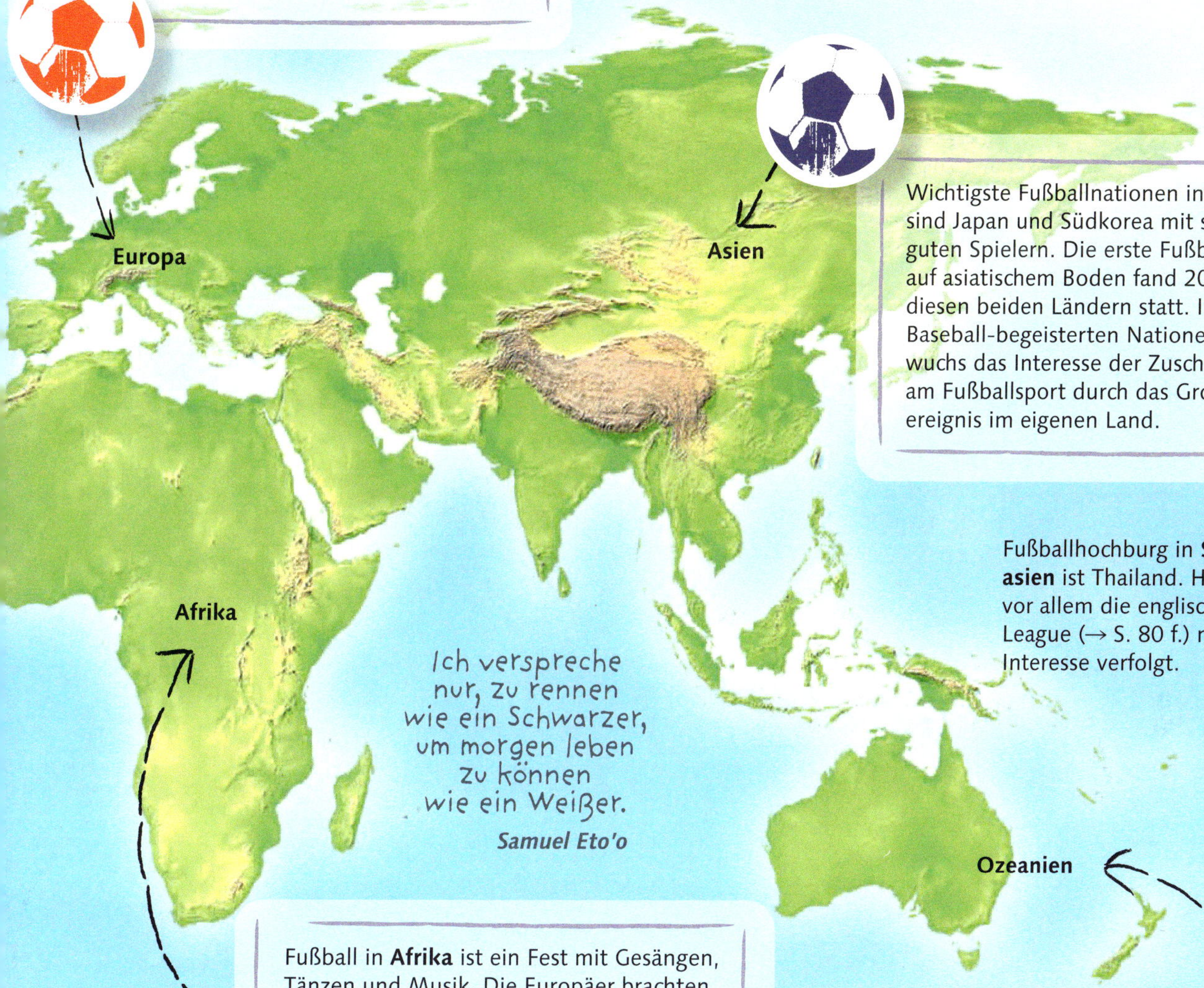

Wichtigste Fußballnationen in **Asien** sind Japan und Südkorea mit sehr guten Spielern. Die erste Fußball-WM auf asiatischem Boden fand 2002 in diesen beiden Ländern statt. In den Baseball-begeisterten Nationen wuchs das Interesse der Zuschauer am Fußballsport durch das Großereignis im eigenen Land.

Fußballhochburg in **Südostasien** ist Thailand. Hier wird vor allem die englische Premier League (→ S. 80 f.) mit großem Interesse verfolgt.

Ich verspreche nur, zu rennen wie ein Schwarzer, um morgen leben zu können wie ein Weißer.

Samuel Eto'o

Fußball in **Afrika** ist ein Fest mit Gesängen, Tänzen und Musik. Die Europäer brachten das Fußballspiel als Kolonialmächte auf den Kontinent. Viele junge Kicker träumen heute von einer Karriere in Europa, um der Armut in Afrika zu entkommen. Diejenigen, die es schaffen – wie Samuel Eto'o und Didier Drogba –, helfen mit ihren Einkünften ihren Familien zu Hause.

Bei der WM 2010 in **Südafrika** übertönten die trompetenartigen Vuvuzelas fast die Stadionsprecher und TV-Kommentatoren. Es war die erste Fußball-WM auf dem Kontinent. Während der Apartheid in Südafrika, der Unterdrückung und Ausbeutung der schwarzen Bevölkerung durch die weiße Minderheit, wurde Fußball zum Sport der Schwarzen.

Als britische Einwanderer das Fußballspiel in Australien und Neuseeland einführten, wurden dort bereits Kricket und Rugby gespielt. Noch immer bevorzugen die Menschen in **Ozeanien** diese Sportarten.
In Australien findet der Fußballsport in diesem Teil der Welt die meisten Anhänger. 2006 wechselten die Australier zum asiatischen Verband, wo sie sich mit stärkeren Mannschaften messen müssen als zuvor in Ozeanien.

Fußballplätze

Zum Fußballspielen braucht man nicht viel: ein paar Kicker, einen rollenden Gegenstand, etwas Platz und eine Markierung für die Tore. Gerade in ärmeren Gegenden der Welt ist Straßenfußball darum sehr beliebt. Natürlich macht es einen gewaltigen Unterschied, ob man auf einem staubigen Bolzplatz oder im hoch technisierten Stadion mit verschließbarem Dach und Rasenheizung spielt. Aber die Grundidee des Spiels ist überall dieselbe.

Fußballfans gibt es überall, auch in den ärmsten Gegenden der Welt. Diesen Jungs in Johannesburgs Township Soweto genügen mit Pfählen markierte Tore, ein Ball und jede Menge Freude am Fußballspielen.

Das Spielfeld

Für offizielle Fußballspiele gibt es festgelegte Regeln, die beim Spielfeld und seinen Markierungen beginnen. Gespielt wird auf einem rechteckigen Feld, üblicherweise auf Rasen, seltener auf Kunstrasen. Im Amateurbereich rollt der Ball auch mal auf einem Hart- oder Ascheplatz. Das Feld wird in der Regel durch weiße Linien markiert.

1 Anstoßkreis und Anstoßpunkt
Hier beginnt das Fußballspiel (→ S. 24). Auch nach einem gültigen Tor, zu Beginn der zweiten Halbzeit und zu Beginn der Halbzeiten von Verlängerungen wird der Ball vom Anstoßpunkt wieder ins Spiel gebracht.

2 Mittellinie
Die Mittellinie teilt das Feld in zwei Hälften. Nach der Halbzeitpause wechseln die Mannschaften die Seiten.

3 Seitenlinien
Die Seitenlinien begrenzen die Längsseiten des Spielfelds. Wird der Ball über eine Seitenlinie vom Feld gekickt, gibt es Einwurf (→ S. 28).

4 Torlinien
Die Tore stehen mittig auf den Torlinien. Fliegt der Ball über oder neben dem Tor über die Torlinie vom Platz, kommt es darauf an, welche Mannschaft ihn zuletzt berührt hat. Danach entscheidet der Schiedsrichter auf Abstoß oder Eckstoß (→ S. 29).

Mit 200 000 Zuschauerplätzen war das Maracanã-Stadion in Rio de Janeiro früher das größte der Welt. Gebaut wurde es für die Fußball-WM 1950. Später musste die Kapazität aus Sicherheitsgründen immer weiter verringert werden. Bei der WM 2014 fand in diesem Stadion u. a. das Finale zwischen Deutschland und Argentinien statt – vor rund 75 000 Zuschauern. Als größtes Fußballstadion der Welt gilt das Stadion des 1. Mai in Pjöngjang, Nordkorea. Ursprünglich bot es Platz für 150 000 Zuschauer, nach einer Renovierung 2014 sind es vermutlich 114 000.

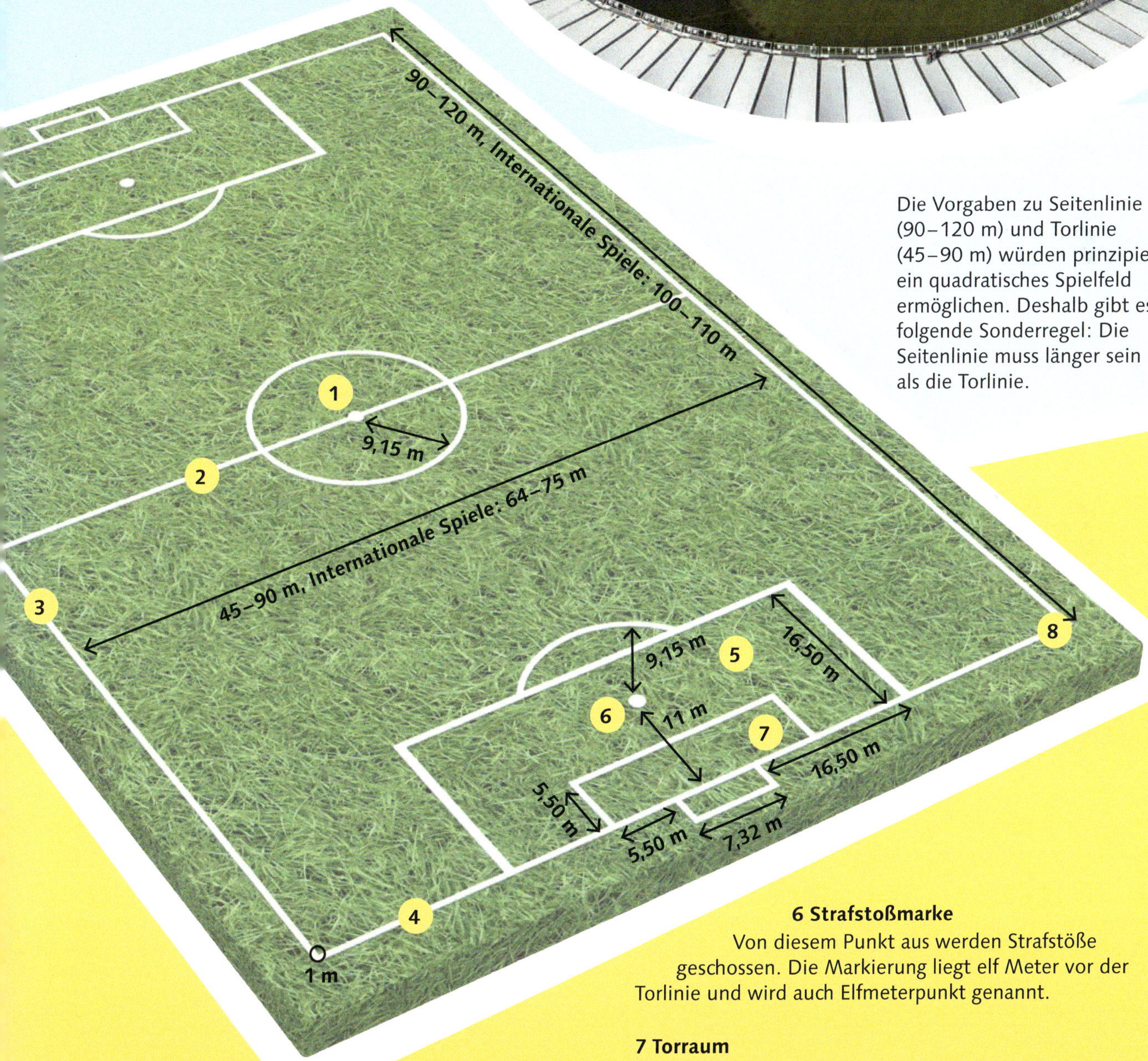

Die Vorgaben zu Seitenlinie (90–120 m) und Torlinie (45–90 m) würden prinzipiell ein quadratisches Spielfeld ermöglichen. Deshalb gibt es folgende Sonderregel: Die Seitenlinie muss länger sein als die Torlinie.

5 Strafraum
Der Torwart darf den Ball im Strafraum als Einziger mit den Händen spielen. Wird ein angreifender Spieler im Strafraum gefoult, erhält seine Mannschaft einen Strafstoß (→ S. 30 f.).

6 Strafstoßmarke
Von diesem Punkt aus werden Strafstöße geschossen. Die Markierung liegt elf Meter vor der Torlinie und wird auch Elfmeterpunkt genannt.

7 Torraum
Im Torraum darf der Torwart nicht angegriffen werden. Passiert es trotzdem, bekommt seine Mannschaft einen Freistoß (→ S. 30 f.)

8 Eckraum
In jeder Ecke muss eine Eckfahne stehen. Beim Eckstoß (→ S. 29) wird der Ball aus dem Eck-Viertelkreis geschossen.

Team und Ausrüstung

Bei einem Fußballspiel treffen zwei Mannschaften aufeinander. Damit beide die gleichen Bedingungen haben und einander nicht gefährden, gibt es für die Spieler und ihre Outfits genaue Vorschriften.

Trikot-Oberteil
Vorgeschrieben ist ein Hemd mit Ärmeln. Die Trikotfarben beider Teams müssen sich klar voneinander abheben. Profis haben darum andersfarbige Auswärtstrikots, die zum Einsatz kommen, wenn das Gastgeberteam die gleichen oder ähnliche Farben trägt.

Schmuck
Schmuckstücke jeder Art, auch Leder- oder Gummibänder, sind auf dem Platz verboten, weil sie die Verletzungsgefahr steigern würden.

Hose
Als Hosen werden Shorts getragen. Im Winter sind Unterziehhosen in gleicher Farbe erlaubt.

Optimal ausgerüstet: Julian Draxler mit Kapitänsbinde im Trikot der deutschen Nationalmannschaft.

Schuhe
Die Sohlen der Fußballschuhe haben Stollen, Nocken oder Noppen für einen besseren Halt im Boden. Stollen können ausgetauscht und an die Platzverhältnisse angepasst werden.

Schienbeinschützer/Stutzen
Unter den Stutzen tragen die Spieler Schienbeinschützer aus Kunststoff zum Schutz vor Verletzungen.

Torhüter haben eine Art Sonderstellung im Team. Sie sind anders gekleidet als die übrige Mannschaft und dürfen als einzige Spieler den Ball mit der Hand berühren.

Spielerzahl

Wenn jede Mannschaft mindestens sieben Spieler hat, kann das Spiel – laut den offiziellen Regeln – beginnen. Üblicherweise stehen beim Anpfiff pro Team elf Spieler auf dem Platz, von denen je einer der Torwart ist. Mehr als elf dürfen es nicht sein.

Der Mann mit dem Helm:

Petr Čech war unter anderem Torhüter bei Chelsea und Arsenal sowie in der tschechischen Nationalmannschaft. Er trug bei allen Spielen einen Kopfschutz. 2006 hatte ihn ein Gegner mit dem Knie am Kopf getroffen, sodass Čech einen Schädelbruch erlitt. Der Helm sollte den Welttorhüter von 2005 vor weiteren Verletzungen schützen.

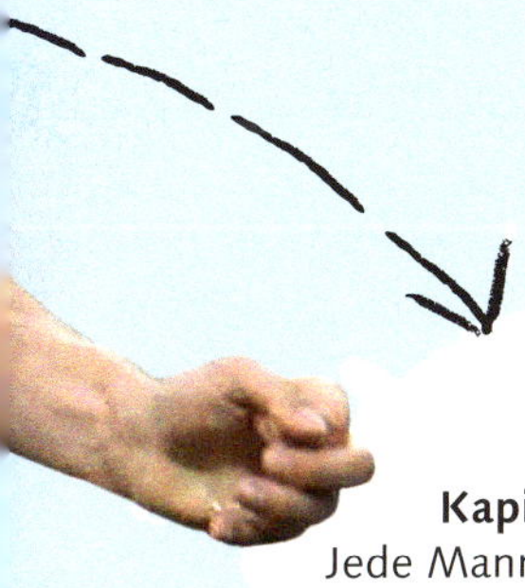

Kapitänsbinde
Jede Mannschaft hat einen Spielführer (Kapitän). Er ist Ansprechpartner für den Schiedsrichter und trägt eine Armbinde am Oberarm als Kennzeichen.

Torwart

Das Trikot des Torwarts unterscheidet sich farblich deutlich von dem der anderen Spieler. Die Torwarthandschuhe sind gepolstert und in den Handinnenflächen besonders griffig, damit der Ball nicht so leicht abrutscht. Torhüter dürfen lange Trainingshosen tragen.

Haben die Trikots der beiden Torhüter die gleiche Farbe und kann keiner von ihnen wechseln, wird trotzdem angepfiffen.

Der **Fußball** aus Leder oder Kunststoff darf einen Umfang von 68–70 cm haben. Bei Spielbeginn soll er 410–450 g wiegen. Sogar sein Luftdruck ist durch die Fußballregeln genau vorgegeben.

Auswechselbank

Vor Spielbeginn werden dem Schiedsrichter alle Spielernamen, auch die der Auswechselspieler, mitgeteilt. Ein Auswechselspieler wartet die Erlaubnis des Schiedsrichters ab, bevor er das Spielfeld während einer Spielunterbrechung an der Mittellinie betritt. Zuvor muss der Spieler, den er ersetzt, den Platz verlassen haben. Wurde ein Spieler ausgewechselt, darf er nicht wieder zurück ins Spiel.

Schiedsrichter

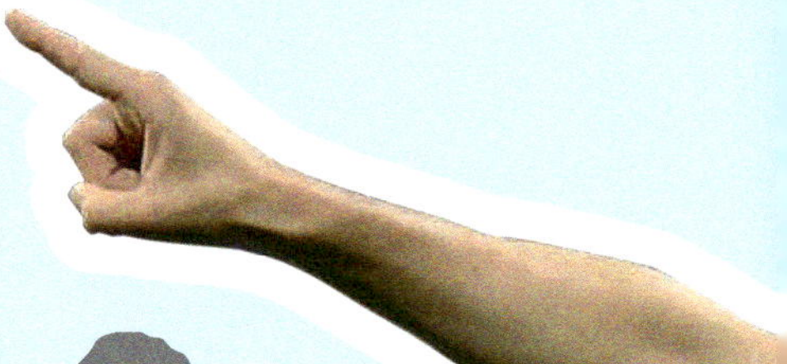

Der Schiedsrichter leitet das Spiel und achtet darauf, dass die Regeln eingehalten werden. Dabei muss er nicht nur den Spielverlauf im Auge behalten, sondern auch alles, was sonst noch auf dem Platz passiert. Nur der Schiedsrichter selbst kann seine getroffene Entscheidung wieder ändern und das nur, solange er das Spiel nicht fortgesetzt oder abgepfiffen hat.

Vor Spielbeginn

Der Schiedsrichter und sein Team prüfen vor Spielbeginn, ob das Spielfeld den Fußballregeln entspricht. Den Ball und alle Ersatzbälle sowie die Ausrüstung der Spieler kontrollieren sie ebenfalls.

Bibiana Steinhaus war von 2007 bis 2020 als bislang einzige Frau in der ersten und zweiten Bundesliga der Männer als Schiedsrichterin aktiv. Heute arbeitet sie in England als Managerin bei der Schiedsrichtervereinigung PGMOL.

Technische Hilfsmittel

War der Ball drin oder nicht? Mit bloßem Auge ist das oft schwer zu erkennen. Seit der Saison 2016/2017 kommt in der Bundesliga deshalb die Torlinientechnologie zum Einsatz. Dabei beobachten mehrere fest installierte Kameras genau, ob der Ball die Torlinie komplett überquert hat. Nur dann geben sie ein Signal an den Schiedsrichter, den Treffer zu zählen.

Seit der Saison 2017/18 wird in der Bundesliga außerdem der Videobeweis herangezogen. Ein Videoschiedsrichter greift bei eindeutigen Fehlentscheidungen des Schiedsrichters ein, etwa bei Toren, Elfmetern oder Roten Karten.

Bei der WM 2022 in Katar kam erstmals ein Ball mit eingebautem Chip zum Einsatz. Mithilfe der neuen Technologie, die Daten in Echtzeit liefert, können zum Beispiel Abseitsentscheidungen schneller und korrekter getroffen werden.

Der Schiedsrichter stoppt die Spielzeit und macht sich Notizen zum Spielverlauf. Er entscheidet über die Länge der Nachspielzeit (→ S. 24).

Mit der Pfeife gibt der Schiedsrichter das Signal für Anstoß, Spielunterbrechungen, Fortsetzung des Spiels und den Ablauf der Spielzeit. Bei einem Tor, Abstoß, Eckstoß oder Einwurf ist kein Pfiff notwendig.

Mit der Gelben Karte verwarnt der Schiedsrichter einen Spieler, mit der Roten verweist er ihn vom Platz (→ S. 32 f.).

Schiedsrichter kommt für mich nicht in Frage. Schon eher etwas, das mit Fußball zu tun hat.
Lothar Matthäus

Schiedsrichterassistenten

Einer allein kann nicht alles sehen, darum hat der Schiedsrichter in höheren Spielklassen zwei Assistenten. Sie bewegen sich entlang der Seitenlinien und achten besonders darauf, ob der Ball das Feld verlässt und ob ein Spieler im Abseits ist (→ S. 26 f.). Auch auf Fouls dürfen die Assistenten hinweisen. Der Schiedsrichter kann sich mit ihnen besprechen, wenn er in einer Entscheidung nicht ganz sicher ist.

Der Schiedsrichterassistent zeigt mit einer Fahne an, welche Mannschaft Einwurf hat. Auch bei einer Auswechslung, für Abstoß, Eckstoß, Fouls und Abseits gibt es festgelegte Fahnenzeichen.

Der Vierte Offizielle

Der „Vierte Offizielle" unterstützt den Schiedsrichter zusätzlich zu den beiden Assistenten. Er betreut unter anderem die Auswechslungen und zeigt die Nummern der Spieler an, die wechseln. Vor einer Einwechslung kontrolliert er die Ausrüstung des Spielers und sieht sich zum Beispiel die Stollen an den Schuhsohlen an. Sie dürfen andere Mitspieler nicht gefährden.

Der Unparteiische Tobias Stieler bei einem Spiel der 2. Bundesliga. Stieler ist seit 2014 Schiedsrichter der FIFA-Liste.

An der Torlinie

Bei großen Wettbewerben der UEFA (→ S. 88) werden zwei weitere Schiedsrichterassistenten an den beiden Torlinien eingesetzt. Sie behalten besonders den Strafraum im Auge.

Am Spielfeldrand

Zu einem Fußballspiel gehören nicht nur die Beteiligten auf dem Rasen, sondern auch die vielen Menschen auf der anderen Seite der Spielfeldlinien: die Vereinsverantwortlichen, Stadionmitarbeiter, Ticketverkäufer, Sicherheitskräfte, Fitnesstrainer, Ärzte und viele andere. Und natürlich die Fans. Für sie ist die Liebe zum Fußball und zu ihrem Klub ein fester Bestandteil des Lebens.

Fans

Nicht umsonst gelten die Fans als der „12. Mann“: Fußballfans können ihre Mannschaft mit Gesängen und Anfeuerungen so anspornen, dass sich ein schon verloren geglaubtes Spiel noch dreht. Ihr Ansprechpartner beim Verein ist der Fanbeauftragte.

Manager

Der Manager, in manchen Vereinen auch der Sportdirektor, ist für die sportliche Ausrichtung des Vereins verantwortlich. Zusammen mit der Vereinsspitze bestimmt er, welche Ziele der Klub erreichen soll. Er kümmert sich um Sponsoren (→ S. 19), verhandelt Ablösesummen und Spielergehälter. Beim Spiel sitzt er meist mit auf der Bank.

Herz und Seele jedes Klubs: treue Fans, die ihr Team in guten und in schlechten Zeiten unterstützen.

Die Technische Zone

Hinter der Seitenlinie befindet sich die Technische Zone (auch: Coaching Zone) mit einer Bank für Betreuer und Auswechselspieler. In großen Stadien ist der Bereich mit Begrenzungslinien markiert. Der Trainer darf seiner Mannschaft von der Technischen Zone aus Anweisungen geben, er darf sie aber nur in Ausnahmefällen verlassen. Wenn ein Trainer sich nicht daran hält oder ständig motzt und sich zum Beispiel mit dem Vierten Offiziellen anlegt, kann der ihn auf die Tribüne schicken.
Je nach Wettbewerb wird festgelegt, wie viele Personen sich in der Technischen Zone aufhalten dürfen.

Präsident

Ein großer Fußballverein ist wie eine Firma: Er muss Geld verdienen und es gewinnbringend anlegen – zum Beispiel, indem er es für den Nachwuchs und Spielereinkäufe ausgibt. Der Präsident ist der Chef, bei dem alle Fäden zusammenlaufen. Er trägt die wirtschaftliche Verantwortung für den Verein. Während des Spiels sitzt er in der Regel auf der Haupttribüne.

Social Media Team

Nicht nur in den Fußballarenen findet ein Wettstreit statt. Auch in den sozialen Medien wie Facebook, Instagram und TikTok wollen die Vereine ganz oben stehen und füllen mit ihren Social Media Teams die Kanäle mit attraktiven Inhalten, um die meisten Klicks zu generieren.

You'll never walk alone

Der Musical-Song „You'll never walk alone" eroberte die Fußballstadien: Die Liverpooler Fans machten ihn in den 1960er-Jahren zu ihrer Hymne und singen das Lied lautstark bei Spielen ihres Klubs. Bald erreichte der Song auch andere Vereine. In Deutschland wird er zum Beispiel von den FC St. Pauli-Fans regelmäßig angestimmt. Fußballbegeisterte Musiker wie „Die Toten Hosen", Bela B., „The BossHoss" und andere haben Coverversionen aufgenommen. „You'll never walk alone" gilt mittlerweile als Fußballhymne schlechthin.

Mannschaftsarzt

Der Mannschaftsarzt kümmert sich um die Gesundheit der Spieler. Das ist wichtig, denn ernsthafte Verletzungen können eine Spielerkarriere vorzeitig beenden. Ein während des Spiels verletzter Spieler muss zunächst vom Spielfeld gebracht werden. Danach kann er am Spielfeldrand behandelt werden. Bevor der Spieler zurück auf den Platz darf, prüft der Vierte Offizielle, ob es ihm wieder gut geht. Immer mehr Vereine bieten ihren Spielern auch eine psychologische Betreuung an, um die mentale Gesundheit der Sportler zu gewährleisten.

Trainer und Trainerassistent

Der Trainer (→ S. 36 ff.) weiß, was seine Spieler können, und stellt die Mannschaft entsprechend auf. Er gibt die Taktik vor und bestimmt während des Spiels die Auswechslungen. Sein Assistent unterstützt ihn bei der Spielvorbereitung, beim Training und auch während des Spiels. Trainern wird schnell die Schuld gegeben, wenn eine Mannschaft schlecht abschneidet. Hält das Leistungstief eines Teams an, wird häufig der Trainer entlassen. Manchmal übernimmt dann der Assistent seine Aufgaben, bis ein neuer Cheftrainer gefunden ist.

Geld und Geschäft

Bei aller Freude am Spiel ist Fußball auch ein Riesengeschäft. Eintrittsgelder und von den Klubs organisierte Fanreisen spielen dabei ebenso eine Rolle wie der Verkauf von Fanartikeln, das sogenannte Merchandising. Auch Werbeverträge, Fernsehübertragungen und Spielerverkäufe können den Vereinen hohe Einnahmen bescheren.

Spielertransfer

Warum gewinnen manche Mannschaften öfter als andere? Weil sie die besseren Spieler haben. Die bekommen sie entweder durch eine gute Nachwuchsförderung (→ S. 50 ff.) oder von einem anderen Verein. Spielertransfer nennt man das – und es ist ein Geschäft, das in jeder Saison nur in bestimmten Zeiträumen stattfinden darf. Je nach Vertrag des Spielers zahlt der neue Verein eine hohe Ablösesumme, damit der Spieler zu ihm wechseln kann. Doch die Ausgaben lohnen sich in vielen Fällen nicht nur auf dem Fußballplatz: Fanartikel, wie das Trikot mit dem Namen des Stars, und allerhand Werbung, die der Klub mit dem neuen Spieler macht, können das Geld schnell zurück in die Vereinskasse spülen.

Vom Schal bis zur Bettwäsche – alles in den Farben des Vereins: Große Summen verdienen Klubs mit Fanartikeln.

Milliardärsvereine

Mancher reiche Unternehmer erfüllt sich einen Traum, mancher möchte seine Fußballbegeisterung mit der Möglichkeit verbinden, noch reicher zu werden: Milliardäre kaufen Klubs und stocken die Mannschaften mit erstklassigen Spielern auf. Sie wollen ihren Verein schnell an die Spitze bringen. Denn je angesehener ein Wettbewerb ist, umso höher sind die Prämien, die für jede Runde Weiterkommen gezahlt werden. Richtig viel zu verdienen gibt es in der Champions League (→ S. 94 ff.). Für einen Klub, der vor der Pleite steht, kann ein solcher Geldgeber die Rettung bedeuten. Aber er übt oft auch einen gehörigen Druck aus, wenn es ihm zu lange dauert, bis der Erfolg eintritt.

Geld schießt keine Tore.

Otto Rehhagel

Klub als Sponsor

Der FC Barcelona drehte das Prinzip des Sponsorings um: Nicht der Verein kassierte, sondern man stellte die Werbefläche auf dem Trikot für einen guten Zweck kostenlos zur Verfügung.
Bis 2011 trug die Mannschaft das Logo des Kinderhilfswerks UNICEF auf der Brust, bis 2022 stand der Schriftzug unter der Spielernummer auf dem Rücken. Seit der Saison 2022/2023 tragen Barças Trikots das Logo des UN-Flüchtlingshilfswerks UNHCR. Der FC Barcelona verzichtete damit auf Werbeeinnahmen in Millionenhöhe und unterstützt die Hilfsorganisation außerdem mit Spenden.

Bis 2011 prangte das UNICEF-Logo noch auf der Brust von Lionel Messi & Co. Bis 2022 zierte es die Rücken der Barcelona-Spieler.

Neymar da Silva Santos Júnior löste 2017 Paul Pogba als teuersten Spieler der Welt ab.

Werbung und TV-Rechte

Sponsoring ist eine große Einnahmequelle für Fußballvereine: Unternehmen zahlen dem Verein Geld und dürfen dafür Werbung machen – zum Beispiel auf den Trikots der Spieler. Inzwischen sind viele große Stadien nach dem Sponsor benannt. Firmennamen liest man auch auf den Stadionbanden rund ums Spielfeld und auf den Hintergrundwänden für Fernsehinterviews. Für die Rechte, ein Spiel im Fernsehen zeigen zu dürfen, zahlen die TV-Sender ebenfalls viel Geld.

Für **222 000 000** Euro wechselte Neymar 2017 vom FC Barcelona zu Paris Saint-Germain – die bis dahin höchste Ablösesumme für einen Spielertransfer.

Fußball-Live-Übertragung

Die Medien sind ein wichtiger Bestandteil der Fußballwelt. Zeitungsreporter schreiben über das Spiel, Radiokommentatoren und Onlinereporter berichten, Fotografen am Platzrand hoffen, den richtigen Moment zu erwischen. Damit die Bilder von einem Fußballspiel im Fernsehen oder Internet live zu sehen sind, ist ein hoher technischer Aufwand notwendig. Und viele Menschen sind daran beteiligt.

Moderatorin Esther Sedlaczek und Fußball-TV-Experte Bastian Schweinsteiger bei der Analyse eines Spiels.

Moderator und Experte

Der Moderator gibt vor dem Spiel Hintergrundinformationen zu der Begegnung. In der Halbzeitpause und nach Abpfiff analysiert er den Spielverlauf. Dazu ist er meist vor Ort im Stadion, an der Seitenlinie oder in einem extra dafür eingerichteten Studio. Oft unterstützt ihn ein Experte, zum Beispiel ein ehemaliger Fußballspieler. Nach dem Spiel befragen sie gemeinsam die Trainer und wichtige Spieler, wie sie das Match erlebt haben.

Kommentator

Der Kommentator hat seinen Arbeitsplatz auf der Haupt- oder Pressetribüne. Seine Stimme ist während des Spiels zu hören: Er schildert den Spielverlauf, liefert Hintergrundinformationen und nimmt Stellung zum Spielgeschehen. Weil er den gesamten Platz überblicken kann, sieht er, wenn der Trainer tobt, weil er sich ärgert, oder ein Spieler sich abseits des Spielfelds aufwärmt. Der Kommentator kann dann darauf hinweisen, dass möglicherweise bald eine Auswechslung stattfinden wird. Ein guter Kommentator macht das Spiel mit seiner Reportage noch spannender.

Störung

Beim EM-Halbfinale 2008, Deutschland – Türkei, fielen wegen eines heftigen Gewitters plötzlich Bild und Ton aus! Die Fans vor den Fernsehern und beim Public Viewing fürchteten, entscheidende Aktionen ihrer Mannschaft zu verpassen. Nach ein paar Minuten war zumindest die Stimme von Kommentator Béla Réthy wieder zu hören. Aber das Live-Bild fehlte nach wie vor. Wie ein Radioreporter hielt der TV-Kommentator die Menschen vor den Bildschirmen und Leinwänden auf dem Laufenden. Nach etwa sechs Minuten konnte die Übertragung schließlich fortgesetzt werden.

Im Ü-Wagen

Das Ü steht für „Übertragung". Im Übertragungswagen kommen Bild- und Tonsignale von allen Kameras und Mikrofonen an. Der Technische Leiter kontrolliert sie und sorgt dafür, dass alles funktioniert. Ein Tontechniker achtet darauf, dass alle, die in ein Mikrofon sprechen, gut zu verstehen sind. Während des Spiels mischt er die Stimme des Kommentators zu den Stadiongeräuschen.

Jede Kamera am Spielfeld hat im Ü-Wagen einen eigenen Bildschirm. Bei der großen Anzahl der Kameras ergibt das eine ganze Monitorwand, vor der ein Regisseur sitzt. Er fügt die Bilder zusammen zum „Film", den wir in unseren Fernsehgeräten sehen. Manchmal wird er unterstützt von einem Redakteur, der auf Anfangs- und Schlusszeiten der Übertragung achtet und mit dem Kommentator in Verbindung ist.

Im Ü-Wagen werden alle Signale zusammengefügt. Eine sehr wichtige Funktion haben hier auch die Slomo-Operators. Sie überwachen die Aufzeichnung der Zeitlupen und spielen sie auf Ansage des Regisseurs ab, zum Beispiel bei einer umstrittenen Schiedsrichterentscheidung oder wenn ein Tor gefallen ist.

Aufnahmeleitung und Field-Reporter

Aufnahmeleiter sorgen dafür, dass alle Mitarbeiter zur richtigen Zeit auf ihren Plätzen sind. Über Kopfhörer und Mikrofon stimmen sie sich mit Regie und Technik ab. Nach dem Spiel gehen sie zu den Spielern oder deren Medienbeauftragten und bitten um ein Interview.
Das Gespräch mit den Kickern führt dann ein sogenannter Field-Reporter am Spielfeldrand. Er muss hart im Nehmen sein, denn die Verlierer lassen ihrem Frust oft freien Lauf!

Kameraleute

Manchmal sind über dreißig Kameras bei einer TV-Live-Übertragung um das Spielfeld herum aufgebaut und mit Kameraleuten besetzt. Jeder von ihnen trägt einen Kopfhörer mit Mikrofon. Darüber kann er mit der Regie sprechen. Der Regisseur sagt den Kameraleuten, welches Bild er sehen möchte. Er muss dabei vorausahnen, wie das Spiel sich entwickeln kann, damit den Fernsehzuschauern kein Tor entgeht.

Kameraplan

Alle Fernsehkameras bei einem Fußballspiel haben bestimmte Positionen, die vom Regisseur festgelegt werden. Der Kameraplan gibt darüber Auskunft. Die sogenannte Führungskamera zeigt immer den Spielverlauf in einer totalen Einstellung, sodass alles Wichtige zu sehen ist. Superslomos und Highspeed-Kameras werden zum Beispiel für Zeitlupen verwendet. Bei großen Spielen kommt manchmal auch eine Kamera zum Einsatz, die an Seilen über das ganze Spielfeld fliegen kann.

K 1 Führungskamera (erhöhte Position, genau auf Höhe der Mittellinie)
K 2 sogenannte nahe Führungskamera (neben K1)
K 3 16 Meter flach links (z. B. Stativkamera, Steadycam, Schienenkamera …)
K 4 Kamera auf Höhe der Mittellinie, zumeist Superslomo
K 5 16 Meter flach rechts (siehe K3)
K 6 16 Meter hoch links (z. B. um Abseits analysieren zu können)
K 7 16 Meter hoch rechts (siehe K6)
K 8 Hintertor hoch links
K 9 Hintertor hoch rechts
K 10 Hintertor flach links (z. B. Handkamera, Krankamera, Superslomo, Highspeed-Kamera …)
K 11 Hintertor flach rechts (siehe K 10)
K 12 Chip-Kamera im Tor links
K 13 Chip-Kamera im Tor rechts
K 14 Gegenseite, z. B. Beobachtung Trainer oder VIP-Tribüne
K 15 Gegenseite, z. B. Superslomo

Kameraplan, zum Beispiel für ein Spiel der Champions League

Die Regeln

Anpfiff bis Abpfiff

Alles beginnt mit dem Anpfiff und endet mit dem Abpfiff: Ein Fußballspiel dauert 90 Minuten, gespielt wird in zwei Halbzeiten zu je 45 Minuten. Wenn eine Mannschaft einen wackligen Vorsprung halten muss, scheint die Zeit manchmal endlos. Dagegen wird ein Team, das im Rückstand ist, sich über jede verbleibende Minute freuen.

Beginn

Das Spiel startet am Anstoßpunkt. Der Schiedsrichter wirft eine Münze. Das Team, das den Münzwurf gewinnt, kann wählen, auf welches Tor es in der ersten Halbzeit spielt, oder den Anstoß ausführen. Das gegnerische Team erhält je nach dieser Entscheidung den Anstoß oder darf bestimmen, auf welches Tor es in der ersten Halbzeit spielt. Alle Spieler mit Ausnahme des Spielers, der den Anstoß ausführt, befinden sich in der eigenen Spielfeldhälfte. Aus einem Anstoß kann gegen das gegnerische Team direkt ein Tor erzielt werden. Der Spieler, der den Anstoß ausführt, darf den Ball erst nach einem anderen Spieler wieder berühren. Das Team, das entschieden hat, auf welches Tor es in der ersten Halbzeit spielt, führt den Anstoß zu Beginn der zweiten Halbzeit aus. Auch nach einem Tor gibt es Anstoß, und zwar für das Team, das den Treffer kassiert hat.

Halbzeitpause

Die Halbzeitpause dauert – je nach Wettbewerbsbestimmungen – bis zu fünfzehn Minuten: Zeit für die Spieler zum Verschnaufen und für den Trainer, um seine Mannschaft anzustacheln, sie zu beruhigen und mit ihr taktische Änderungen durchzusprechen.

Nachspielzeit

Am Ende jeder Halbzeit kann der Schiedsrichter einige Minuten nachspielen lassen. Gründe dafür sind zum Beispiel Zeitverlust durch Auswechslungen, Verzögerungen durch Verletzungen oder absichtliches Trödeln von Spielern, um möglicherweise ein Ergebnis zu sichern. Manche Spiele werden erst in der Nachspielzeit entschieden!

Der Ball ist rund und das Spiel dauert 90 Minuten.

Sepp Herberger

Verlängerung

Bei einigen Wettbewerben gibt es Spiele, aus denen ein klarer Sieger hervorgehen muss. Ist das am Ende der Nachspielzeit nicht der Fall, gibt es Verlängerung. Die Mannschaften bleiben auf dem Spielfeld und kicken noch zweimal 15 Minuten. Ist dann immer noch kein Sieger ermittelt, kommt es zum Elfmeterschießen.

Auswärtstorregel abgeschafft

Seit Beginn der Saison 2021/22 gibt es in den UEFA-Klubwettbewerben keine Auswärtstorregel mehr. Wenn das Torverhältnis nach Hin- und Rückspiel ausgeglichen ist, geht es in die Verlängerung.
Über Sieg und Niederlage wird nicht mehr auf Grundlage der Anzahl auswärts erzielter Tore entschieden.

Vor dem Anstoß muss der Ball auf dem Anstoßpunkt liegen, ohne bewegt zu werden.

Schlusspfiff
Jede Halbzeit endet mit dem Abpfiff des Schiedsrichters.

Rekordverdächtig:

28 Minuten ließ der Schiedsrichter 2007 in einem Bezirksligaspiel zwischen Dostlukspor Bottrop und Blau-Weiß Wesel nachspielen: 13 Minuten in der ersten Halbzeit und 15 Minuten in der zweiten!

Elfmeterschießen

Zunächst treten fünf Spieler aus jedem Team zum Elfmeterschießen an. Sie müssen am Ende der Verlängerung bereits auf dem Platz gewesen sein. Der Schiedsrichter legt das Tor fest, auf das geschossen wird, und wirft eine Münze. Der Gewinner des Münzwurfs, einer der beiden Kapitäne, entscheidet, welche Mannschaft beginnt. Beide Teams schießen abwechselnd.

Der Torwart, der nicht an der Reihe ist, wartet an der Stelle, an der die Strafraumlinie an die Torlinie stößt. Alle anderen Spieler müssen in den Mittelkreis. Wenn es nach den fünf Elfmetern pro Mannschaft noch unentschieden steht, wird das Elfmeterschießen fortgesetzt. Es gewinnt dann das Team, das bei gleicher Schussanzahl zuerst ein Tor mehr erzielt.

Elfmeterkrimi im Champions-League-Finale 2012: Die Bayern mussten sich dem FC Chelsea schließlich mit 3 : 4 i. E. geschlagen geben.

Tor und Abseits

Wer in einem Spiel mehr Tore erzielt, gewinnt beim Fußball. Aber ob ein Tor tatsächlich zählt, darüber wird manchmal heftig gestritten. Der Ball muss mit seinem gesamten Durchmesser zwischen den Pfosten hinter der Torlinie sein. Und dann gibt es auch noch die knifflige Abseitsregel.

Abseitsstellung

Befindet sich ein Angreifer in der Hälfte des gegnerischen Teams näher an der Torlinie als der Ball und der vorletzte Gegenspieler, dann ist er im Abseits – so die offizielle Fußballregel. Der letzte Gegenspieler ist in der Regel der Torwart. Entscheidend für die Abseitsstellung ist der Moment der Ballabgabe durch einen Mitspieler. Im Abseits zu sein ist nicht verboten, solange der Spieler passiv bleibt.

Wembley-Tor

WM-Finale 1966, England gegen Deutschland: Nach Ablauf der regulären Spielzeit stand es 2 : 2 im Londoner Wembley Stadium. Das Spiel ging in die Verlängerung. In der 101. Minute passierte es – der Engländer Geoff Hurst schoss den Ball unter die Latte des deutschen Tors, von dort prallte er ab auf den Boden. Die Engländer jubelten, der Schiedsrichter gab den Treffer. Aber war der Ball wirklich komplett hinter der Torlinie? Jahrelang wurde darüber gestritten. Mittlerweile gilt als erwiesen, dass es kein Tor war. Das Spiel endete 4 : 2 für England und Deutschland verpasste den Weltmeistertitel.

Im Abseits

Im Moment der Ballabgabe ist zwischen Angreifer und Torwart kein Verteidiger mehr: Der Angreifer ist im Abseits. Sein Tor zählt nicht.

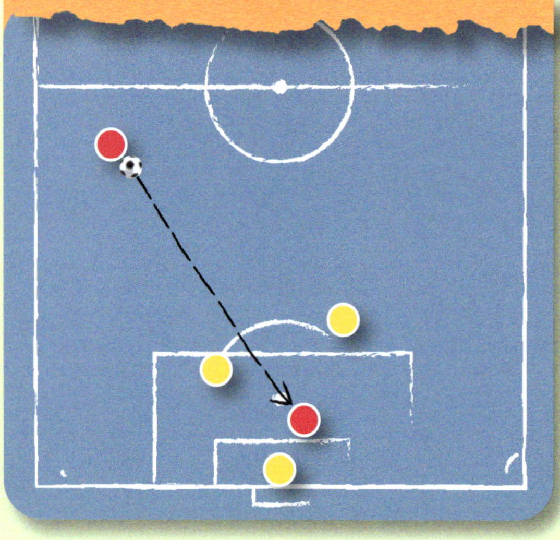

Passives Abseits

Der Spieler im Abseits greift nicht ins Spielgeschehen ein und behindert die Gegner nicht, indem er zum Beispiel dem Torwart die Sicht versperrt, sich Verteidigern in den Weg stellt oder sie ablenkt. Sein Mitspieler, der nicht im Abseits ist, kann einen gültigen Treffer erzielen.

Abseits ist, wenn der Schiedsrichter pfeift.

Franz Beckenbauer

Rückpass

Der ballführende Spieler ist der letzte Angreifer vor dem Tor. Er spielt den Ball zu einem Mitspieler zurück: kein Abseits.

Gleiche Höhe

Der angreifende Spieler befindet sich im Moment der Ballabgabe auf gleicher Höhe mit dem letzten Verteidiger vor dem Torwart. Er ist nicht im Abseits.

Der Schiedsrichterassistent hebt in einer Abseitssituation die Fahne.

Einwurf, Abstoß, Ecke

Kommt der Angreifer sofort nach einem Einwurf, Abstoß oder Eckstoß (→ S. 28 f.) an den Ball, gilt das nicht als Abseits.

Abseitsfalle

Verteidiger können einen gegnerischen Angriff dadurch stoppen, dass sie den vordersten Angreifer bewusst ins Abseits stellen. Kurz bevor ein Mitspieler diesem Stürmer den Ball zuspielen kann, rücken die Verteidiger Richtung Spielfeldmitte. Der Angreifer ist dadurch im Moment der Ballabgabe näher an der Torlinie als der letzte Verteidiger, er ist im Abseits. Wenn er nun ins Spiel eingreift, bekommt die verteidigende Mannschaft einen indirekten Freistoß (→ S. 30 f.) zugesprochen. Die Abseitsfalle wird von den Spielern im Training geübt und gehört zur Spieltaktik. Sie kann aber auch schiefgehen. Wenn einer der Verteidiger zu langsam ist, hat der Angreifer freien Weg aufs Tor und der Torwart ist auf sich allein gestellt!

Beim Fußball geht es nicht nur darum, Tore zu schießen, sondern auch zu gewinnen.

Alan Shearer

Einwurf, Abstoß, Eckstoß

Der Ball ist so lange im Spiel, bis er vollständig hinter einer Seiten- oder Torlinie landet oder der Schiedsrichter pfeift. Dann gibt es verschiedene Möglichkeiten, wie das Spiel fortgesetzt wird. Sie richten sich danach, wo und durch wen der Ball das Spielfeld verlassen hat.

Einwurf

Spielt ein Team den Ball über eine Seitenlinie ins Aus, gibt es Einwurf für die gegnerische Mannschaft. Der Einwurf wird dort ausgeführt, wo der Ball über die Linie gerollt oder geflogen ist. Die gegnerischen Spieler müssen mindestens zwei Meter Abstand halten. Ein direktes Tor durch Einwurf gibt es nicht.

Bei Einwurf, Abstoß und Eckstoß gilt: Der Spieler, der sie ausführt, darf den Ball erst wieder berühren, nachdem ein anderer Spieler am Ball war. Im Bild rechts: Marcel Schmelzer beim Einwurf.

Fußballschule: Den Einwurf üben

Für den Einwurf gelten genaue Regeln: Du musst mit dem Gesicht zum Spielfeld stehen und mit einem Teil jedes Fußes die Seitenlinie oder den Boden außerhalb der Seitenlinie berühren. Nimm den Ball in beide Hände und hebe ihn über deinen Kopf nach hinten. Dabei spannst du deinen Körper an. Dann schwingst du die Arme über den Kopf wieder nach vorn und lässt den Ball gleichzeitig mit beiden Händen los. Achte darauf, dass deine Füße am Boden bleiben.

Salto-Einwurf

Mit einer besonderen Einwurftechnik überraschte Brasiliens Nationalspielerin Leah Lynn Gabriela Fortune bei der U-20-Weltmeisterschaft der Frauen 2008 in Chile: Nach kurzem Anlauf stützte sie sich auf den Ball in ihren Händen, machte einen Überschlag, kam auf ihre Füße und nutzte den Schwung, um den Ball weit in den Strafraum der Gegnerinnen zu schleudern. Auch andere Spielerinnen und Spieler beherrschen diese Saltotechnik.

Marco Reus legt sich den Ball an der Eckfahne zurecht. Eckfahnen müssen manchmal auch als Jubel-Zubehör herhalten: André Schürrle etwa spielte auf ihr Luftgitarre, andere tanzten um sie herum oder schwenkten sie nach dem Abpfiff.

Eckstoß

Fliegt oder rollt ein Ball über die Torlinie ins Aus und ein Verteidiger hat ihn zuletzt berührt, bekommen die Angreifer einen Eckball (Eckstoß) zugesprochen. Dazu legt der Spieler den Ball in den Viertelkreis vor der Eckfahne, auf der Seite, auf der er über die Linie ging. Die Fahne muss stehen bleiben, der Ball darf die Linien des Viertelkreises berühren. Alle Gegenspieler halten einen Abstand von mindestens 9,15 Metern zum Viertelkreis. Der Eckstoß darf direkt ins Tor geschossen werden.

Und nun ein **Einwurf.** Nein, ein **Eckball.** Nein, ein **Einball.**

Fußballreporter Manfred „Manni“ Breuckmann

Kurzer Pfosten, langer Pfosten

Manchmal ist vom kurzen oder langen Pfosten die Rede, zum Beispiel beim Eckball „auf den kurzen Pfosten“. Gemeint sind die Torpfosten, und die sind natürlich beide gleich lang. Als kurzer Pfosten wird der bezeichnet, der näher am Schützen ist. Der lange Pfosten ist entsprechend der weiter entfernte. Bei einem Eckstoß auf den kurzen Pfosten wird der Ball also zu einem Mitspieler am näheren Torpfosten gespielt.

Abstoß

Spielt ein Angreifer den Ball über die Torlinie (und nicht ins Tor), gibt es Abstoß für die verteidigende Mannschaft. Da der Abstoß aus dem Torraum geschieht, wird er in der Regel vom Torwart ausgeführt. Er kann aber auch von einem anderen Spieler geschossen werden. Der Ball ist im Spiel, wenn er mit dem Fuß gespielt wurde und sich eindeutig bewegt. Er darf über das ganze Spielfeld direkt ins gegnerische Tor fliegen! Die Gegner sind beim Abstoß außerhalb des Strafraums.

Beim Abstoß wird der Ball häufig über längere Entfernungen in die Hälfte des Gegners geschlagen.

Freistoß und Strafstoß

Wer gegen die Regeln verstößt, einen Gegner foult oder sich unsportlich verhält, muss mit einer Strafe rechnen. Das kann ein Freistoß oder ein Strafstoß für die andere Mannschaft sein. Es gibt direkte und indirekte Freistöße. Ein direkter Freistoß darf direkt ins Tor des Gegners geschossen werden. Bei einem indirekten Freistoß muss ein zweiter Spieler den Ball zuvor berühren, sonst zählt der Treffer nicht.

Direkter Freistoß

Unvorsichtiges, rücksichtsloses Verhalten und übertriebene Härte führen zu einem direkten Freistoß für das andere Team, wenn ein Spieler

- einen anderen tritt,
- dem Gegenspieler ein Bein stellt,
- ihn anrempelt, anspringt oder bedrängt,
- den Gegner festhält,
- ihn anspuckt,
- ihn schlägt oder stößt.

Direkten Freistoß gibt es auch bei absichtlichem Handspiel.

Für die Entscheidung auf direkten Freistoß reicht der Versuch, diese Fouls zu begehen. Geschehen die Aktionen im eigenen Strafraum, gibt der Schiedsrichter sogar einen Strafstoß (Elfmeter) für die andere Mannschaft.

Indirekter Freistoß

Auf indirekten Freistoß für die andere Mannschaft entscheidet der Schiedsrichter zum Beispiel:

- wenn ein Torwart im eigenen Strafraum den Ball länger als sechs Sekunden festhält,
- wenn ein Torwart einen Ball mit der Hand anfasst, den ein Mitspieler ihm mit dem Fuß zuspielt,
- bei gefährlichem Spiel, wenn jemand verletzt werden könnte (ohne Körperkontakt der Spieler, sonst gibt es direkten Freistoß oder Strafstoß),
- wenn ein Spieler sich einem Gegner, ohne dass der Ball in erreichbarer Nähe ist, beim Laufen in den Weg stellt (Sperren ohne Ball),
- wenn ein Spieler den gegnerischen Torwart bei der Ballfreigabe behindert.

Auch nach einer Abseitsentscheidung des Schiedsrichters wird das Spiel mit einem indirekten Freistoß fortgesetzt.

Cristiano Ronaldo (Real Madrid) schießt beim Freistoß in die Dortmunder Mauer mit Robert Lewandowski, Sebastian Kehl und Marco Reus (Oktober 2012).

9,15 Meter entsprechen in England, dem Entstehungsland der ersten Fußballregeln, 10 Yards. Klingt gleich viel weniger krumm!

Bei einem Elfmeter hat der Torhüter nur eine geringe Chance, den Ball zu halten. Hier gelingt es Torwart Lukas Hradecky (Eintracht Frankfurt) im Duell gegen Djibril Sow (Borussia Mönchengladbach).

Freistöße schießen

Freistöße werden dort ausgeführt, wo der Regelverstoß begangen wurde. Der Ball muss ruhig am Boden liegen. Wenn die Verteidiger einen Freistoß im eigenen Strafraum bekommen, verlassen alle Gegner den Strafraum und halten mindestens 9,15 Meter Abstand zum Ball. Der Schütze muss den Freistoß aus dem Strafraum hinausschießen. Haben die Angreifer einen indirekten Freistoß im gegnerischen Strafraum, gilt ebenfalls der Abstand von 9,15 Metern für alle Gegenspieler. Ist der Punkt, von dem der Freistoß geschossen wird, näher am Tor, stehen sie auf der Torlinie zwischen den Pfosten.
Auch bei Freistößen außerhalb des Strafraums müssen die 9,15 Meter eingehalten werden. Ist das Tor in Schussnähe und die Angreifer haben einen Freistoß, dann stellen sich die Verteidiger davor zu einer Mauer auf. Bilden drei oder mehr Spieler des verteidigenden Teams eine Mauer, müssen alle Spieler des angreifenden Teams einen Abstand von mindestens 1 Meter zur Mauer einhalten, bis der Ball im Spiel ist.

Strafstöße schießen

Der Strafstoß wird vom Elfmeterpunkt geschossen. Außer dem Schützen und dem Torwart müssen alle Spieler mindestens 9,15 Meter hinter diesem Punkt auf dem Spielfeld sein. Der Torwart steht zwischen den Pfosten auf der Torlinie, bis der Schütze den Ball getreten hat. Der Strafstoß muss in Richtung Tor geschossen werden. Der Schütze darf nicht Anlauf nehmen und den Schuss dann nur antäuschen. Bevor er den Ball nach dem Strafstoß wieder spielt, muss ein anderer Spieler ihn berührt haben. Übrigens: Der im Strafraum gefoulte Spieler hat immer das Recht, den Elfmeter auszuführen. Im Falle einer notwendigen Behandlung muss der Schiedsrichter dem Gefoulten die Möglichkeit einräumen, den Strafstoß selbst zu schießen. Es wird so lange gewartet, bis der Spieler schussbereit ist.

Neue Handregeln

Seit der Saison 2019/20 kann auch unabsichtliches Handspiel bestraft werden.
Per Hand erzielte Tore gelten grundsätzlich nicht mehr, unabhängig davon, ob eine Absicht vorlag. Gleiches gilt für Tore, denen in der Entstehung ein Handspiel der angreifenden Mannschaft vorausging.
Lockerung für Keeper: Wenn dem Torwart bei einem Rückpass der Klärungsversuch mit dem Fuß misslingt, dann darf er den Ball danach in die Hand nehmen.

Gelbe und Rote Karte

Zusätzlich zu den Spielstrafen Freistoß und Strafstoß (→ S. 30 f.) sind Gelbe und Rote Karten persönliche Strafen für einzelne Spieler, Trainer oder Offizielle. Es gibt sie für Spieler seit der Weltmeisterschaft 1970, für Trainer und Offizielle seit 2019. Vorher wurden Verwarnungen und Platzverweise nur mündlich erteilt.

Gelbe Karte

Die Gelbe Karte zeigt eine Verwarnung an.
Ein Spieler, Trainer oder Offizieller erhält sie z. B.:

- bei unsportlichem Verhalten (zum Beispiel bei einem Foul oder absichtlichen Handspiel; wenn er versucht, den Schiedsrichter durch eine „Schwalbe" zu täuschen, indem er sich fallen lässt, als wäre er gefoult worden; oder wenn er es nach einem Tor mit dem Jubel übertreibt und sein Trikot auszieht),
- bei Protest gegen Schiedsrichterentscheidungen,
- wenn ein Spieler immer wieder die Regeln missachtet,
- wenn er die Fortsetzung des Spiels absichtlich verzögert,
- wenn er bei einem Einwurf, Eckstoß oder Freistoß (→ S. 28 ff.) den Abstand nicht einhält,
- wenn er das Spielfeld betritt, ohne dass der Schiedsrichter es ihm erlaubt,
- wenn er das Spielfeld absichtlich verlässt ohne Zustimmung des Schiedsrichters.
- Betreten des Video-Überprüfungsraums (VÜR).

Emre Mor (Borussia Dortmund) sieht für diese Tätlichkeit gegen Sebastian Langkamp (Hertha BSC Berlin) die Rote Karte.

Es sah so aus, als ob der Schiedsrichter eine **neue Gelbe Karte** hatte und sehen wollte, ob sie funktioniert.

Richard Rufus

Rote Karte

Die Rote Karte zeigt einen Platzverweis an. Ein Spieler, Trainer oder Offizieller erhält sie z.B.:

- bei grobem Foulspiel (zum Beispiel wenn er in die Beine eines Gegners springt und dessen Verletzung in Kauf nimmt),
- bei übertriebener Härte oder Gewalt gegen Spieler, Schiedsrichter, Zuschauer oder andere Personen,
- wenn er andere anspuckt,
- wenn er andere Spieler oder den Schiedsrichter beleidigt,
- wenn er durch absichtliches Handspiel ein Tor oder eine Torchance der Gegner verhindert (nur der Torwart darf den Ball im eigenen Strafraum mit der Hand spielen),
- wenn er einen Angreifer, der eine klare Torchance hat, durch ein Foul stoppt (sogenannte „Notbremse"),
- nach der zweiten Gelben Karte im selben Spiel („Gelb-Rot"). Im Saarland und in Hessen läuft im Amateurbereich ein Pilotprojekt, das die Gelb-Rote-Karte durch eine zehnminütige Zeitstrafe ersetzt.

Nach einer Roten Karte muss der Spieler den Platz ganz verlassen. Er darf sich nicht auf die Ersatzbank setzen.

Herr Lippens,
ich verwarne
Ihnen!
Herr Schiedsrichter,
ich danke
Sie!

Willi Lippens, der für diese Antwort die Rote Karte sah

Die Karten-Erfinder

Bei der WM 1966 erteilte Schiedsrichter Rudolf Kreitlein dem argentinischen Kapitän Antonio Rattin mündlich einen Platzverweis. Kreitlein war ein kleiner, schmaler Mann und der Argentinier wirkte gegen ihn wie ein Riese. Er weigerte sich, das Spielfeld zu verlassen. Angeblich hatte er den Stuttgarter Schiedsrichter nicht verstanden. Es kam zum Tumult, sodass schließlich sogar die Polizei eingriff. Nach dem Spiel, bei der Rückfahrt zum Hotel, brachten die Verkehrsampeln den englischen Schiedsrichterbetreuer Ken Aston auf eine Idee: Gelbe und Rote Karten sollten bei einer Verwarnung bzw. einem Platzverweis ein eindeutiges Signal für die Spieler sein. Er besprach den Vorschlag mit Kreitlein, der sich bei der FIFA dafür einsetzte.

Die schnellste Rote Karte bekam Walter Boyd vom FC Swansea im Spiel gegen Darlington 1999.

Nach **0** Sekunden im Einsatz musste Boyd vom Platz! Er wurde in einer Spielunterbrechung eingewechselt. Bevor der Schiedsrichter das Spiel fortsetzen konnte, schlug Boyd einem Gegenspieler seinen Ellbogen an den Kopf – Rote Karte!

19 Rote Karten vergab der Schiedsrichter in einem Spiel der spanischen Amateurliga, 18 davon nach Spielabbruch. In der Partie Recreativo Linense gegen Saladilo Algesiras war es zu einer Massenschlägerei gekommen.

Kann ein Spieler **3** Gelbe Karten in einem Spiel bekommen? Laut Fußballregeln geht das nicht, denn mit der zweiten gibt es Gelb-Rot und der Spieler muss vom Platz. Einem ist es trotzdem passiert: Bei der WM 2006 sah Josip Šimuniç (Kroatien) im Spiel gegen Australien dreimal Gelb! Der Schiedsrichter hatte sich vertan und bei der zweiten Gelben Karte den falschen Spielernamen aufgeschrieben.

Ebenfalls nach Schlägereien und Spielabbruch verteilte ein Schiedsrichter 2011 in der fünften argentinischen Liga eine Rekordzahl an Roten Karten: Insgesamt **36** sollen es gewesen sein – für alle Spieler, Ersatzspieler und die Trainer der Mannschaften CA Claypole und Victoriano Arenas!

Bislang gibt es die Weiße Karte nur in Portugal, bereits seit 2015 bei den Kindern, nun auch bei den Frauen. Mit der Weißen Karte soll Fair-Play-Verhalten gefördert werden.

Am 21. Januar **2023** wurde das erste Mal in der Fußballgeschichte der Profis eine Weiße Karte gezeigt. Im Pokalspiel der Frauenmannschaften von Sporting und Benfica Lissabon klagte ein Fan über Unwohlsein. Die Mannschaftsärzte beider Teams halfen sofort und behandelten den Fan. Das belohnte Schiedsrichterin Catarina Campos mit der Weißen Karte für die Helfer.

Technik und Taktik

Trainer und Spielweise

Tolle Einzelspieler bilden nicht automatisch eine gute Mannschaft. Auch das Zusammenspiel muss funktionieren – und es braucht eine passende, auf Spieler und Gegner abgestimmte Taktik. Dafür ist der Trainer verantwortlich. Nicht nur sein sportliches Fachwissen ist gefragt, er sollte auch gut mit Menschen umgehen können und kreative Ideen zur Spielgestaltung entwickeln. Im Profifußball steht ihm ein fachkundiges Team zur Seite.

Es gibt Trainer, die hält beim Spiel nichts auf der Bank. Andere bleiben zumindest äußerlich ruhig. Wichtig ist, dass ein Trainer nie den Respekt verliert vor Spielern, Gegnern und Schiedsrichtern. Er sollte immer Vorbild sein.

Wir haben nur unsere Stärken trainiert, deswegen war das Training heute nach 15 Minuten abgeschlossen.
Josef Hickersberger

Jürgen Klopp

Geboren am: 16. Juni 1967 in Stuttgart
Größe: 1,93 m
Vereine als Spieler:

1972–1983	SV Glatten
1983–1987	TuS Ergenzingen
1987	1. FC Pforzheim
1987–1988	Eintracht Frankfurt II
1988–1989	Viktoria Sindlingen
1989–1990	Rot-Weiß Frankfurt
1990–2001	1. FSV Mainz 05 (Rekordspieler des FSV Mainz in der 2. Liga; 52 Tore)

Vereine als Trainer:

2001–2008	1. FSV Mainz 05
2008–2015	Borussia Dortmund
Seit 2015	FC Liverpool

Trainererfolge/Auszeichnungen:

2004	Aufstieg in die erste Bundesliga mit Mainz 05
2011	Deutsche Meisterschaft mit Borussia Dortmund
2012	Meisterschaft und DFB-Pokal mit dem BVB (Double)
2013	Champions-League-Finale mit dem BVB
2011, 2012	Fußballtrainer des Jahres in Deutschland
2013	2. Platz bei der Wahl zum FIFA-Fußballtrainer des Jahres
2016	Finalist League Cup und UEFA Europa League
2019	Champions-League-Sieger mit dem FC Liverpool
2019	FIFA-Fußballtrainer des Jahres
2020	Englischer Meister mit dem FC Liverpool
2020	FIFA-Fußballtrainer des Jahres, Premier League Manager of the Season
2022	Englischer Ligapokalsieger mit dem FC Liverpool
2022	Englischer Supercup Gewinner mit dem FC Liverpool

Training

Der Trainer kennt seine Spieler und weiß, wie er sie fördern kann.
Das übt er mit seiner Mannschaft:

- Spieltechnik,
- Ausdauer,
- Taktik, Spielzüge und Laufwege, Zusammenspiel,
- Standardsituationen wie zum Beispiel Freistöße, Eckstöße und Elfmeter sowie
- das schnelle Treffen von Entscheidungen im Spiel.

Dabei unterstützen ihn: Co-Trainer, Fitnesstrainer, Torwarttrainer und Sportpsychologe.

FIFA Trainer des Jahres (Männerfußball)

2022	Lionel Scaloni	Argentinische Nationalmannschaft
2021	Thomas Tuchel	FC Chelsea
2020	Jürgen Klopp	FC Liverpool
2019	Jürgen Klopp	FC Liverpool
2018	Didier Deschamps	Französische Nationalmannschaft
2017	Zinédine Zidane	Real Madrid
2016	Claudio Ranieri	Leicester City

Seit drei, vier Wochen haben die Spieler keine Angst mehr vor mir.

Hans Meyer

FIFA Trainer/-in des Jahres (Frauenfußball)

2022	Sarina Wiegman	Englische Nationalmannschaft
2021	Emma Hayes	FC Chelsea
2020	Sarina Wiegman	Nationalmannschaft der Niederlande
2019	Jill Ellis	Nationalmannschaft der USA
2018	Reynald Pedros	Olympique Lyon
2017	Sarina Wiegmann	Nationalmannschaft der Niederlande
2016	Silvia Neid	Deutsche Nationalmannschaft

Aufgaben des Trainers

Mannschaftsführung

Kumpel oder Chef – der Trainer muss den richtigen Ton treffen bei seinen Spielern. Dann kann er:

- den Zusammenhalt der Mannschaft stärken,
- Ansprechpartner für die Spieler sein,
- seine Spieler zu Höchstleistungen antreiben,
- mit ihnen gemeinsam Siege feiern und mit Niederlagen umgehen.

Wettbewerbe

Wettkämpfe beginnen für den Trainer bereits vor dem jeweiligen Spiel und sind mit dem Abpfiff nicht zu Ende. Der Trainer:

- sieht sich Spiele der Gegner vorher an (Videoanalyse, Besuche im Stadion),
- bestimmt die eigene Taktik und bespricht sie mit seiner Mannschaft,
- stimmt sein Training daraufhin ab,
- ändert die Taktik wenn nötig während des Spiels oder in der Halbzeitpause,
- analysiert das Spiel im Nachhinein und bespricht es mit seinen Spielern.

Dabei unterstützen ihn: Co-Trainer, Torwarttrainer, Fitnesstrainer und Sportpsychologe.

Verantwortung für die Spieler

Nur ein gesunder Spieler kann auf dem Platz seine volle Leistung bringen. Darum muss der Trainer:

- die Gesundheit seiner Spieler im Auge behalten,
- entscheiden, ob ein Spieler fit und einsetzbar ist.

Dabei unterstützen ihn: Ärzte, Reha-/Fitnesstrainer, Physiotherapeuten, Ernährungsberater/Koch und Sportpsychologe.

Aufgaben im Verein

Ein Trainer kann seinen Klub mitgestalten durch:

- sportliche Zielsetzungen,
- Mitsprache bei Spielereinkäufen,
- Talentförderung.

Er vertritt den Verein auch nach außen. Das wird vom Trainer erwartet:

- Interviews,
- Pressekonferenzen,
- dass er seine Entscheidungen öffentlich rechtfertigt,
- dass er zu Erfolgen, Niederlagen, Spielertransfers u. Ä. Stellung nimmt.

Dabei unterstützen ihn: Pressesprecher und Sportdirektor/Manager.

Spielsysteme

Der Trainer legt die Taktik fest und stellt die Mannschaft entsprechend auf. Je nach Gegner und Wettbewerbssituation wählt er eine offensive oder defensive Spielweise. Defensiv heißt, dass ein Team vor allem darauf achtet, kein Tor zu kassieren und Konterchancen zu nutzen. Bei einer offensiven Aufstellung hat der Angriff Vorrang. Natürlich darf auch dabei die Verteidigung nicht vernachlässigt werden.

Spielsysteme legen Anzahl und Grundpositionen von Verteidigern, Mittelfeldspielern und Angreifern eines Teams fest. So weiß jeder, wo sein Platz und was seine Aufgabe ist. Das heißt aber heutzutage nicht mehr, dass die Spieler auf ihren Positionen „kleben". Im modernen Fußball laufen Verteidiger auch mit vor das gegnerische Tor, Mittelfeldspieler erkämpfen Torchancen und Stürmer unterstützen die Abwehr.

4-4-2

Bei diesem heute oft gespielten System bildet die Abwehr eine Viererkette vor dem eigenen Tor. Vier Spieler im Mittelfeld können in einer Raute stehen, der hintere ist dann defensiv ausgerichtet, der vordere offensiv. Er verstärkt die beiden Stürmer.

Die Abbildung links zeigt die sogenannte „Flache 4", die Abbildung rechts die „Mittelfeld-Raute".

Kick and Rush

Diese Spielweise wurde eine Zeit lang den Engländern zugeschrieben: Die Verteidigung spielte den Ball weit nach vorne, die Stürmer übernahmen. „Kick and Rush" wird heute nur noch vereinzelt, je nach Spielsituation eingesetzt. Gefahr dabei ist, dass die gegnerische Mannschaft an den lang geschlagenen Ball kommt und kontert, das heißt, den Gegenangriff startet.

Catenaccio

Das klassische italienische Defensivspiel baute auf eine zahlenmäßig überlegene Verteidigung in der eigenen Hälfte, die den Gegner vor dem Tor ausbremste. Angriffschancen erarbeitete sich das Team durch schnelle Konter – also rasches Umschalten von Abwehr auf Angriff nach einem Ballverlust der Gegner. Heute kommt diese Taktik nur noch in einzelnen Situationen zum Tragen. Ein gesamtes Spiel so aufzubauen, ist nicht mehr Erfolg versprechend.

5-3-2

Schon zahlenmäßig ist klar: Hier liegt der Schwerpunkt in der Verteidigung. Solches „Mauern“, also das Blockieren des eigenen Tors, ist bei Zuschauern nicht beliebt, weil wenige Treffer fallen. Das Spiel wirkt eher statisch und wird schnell langweilig.

4-2-3-1

Zwei Mittelfeldspieler spielen vor der Abwehr als sogenannte „Doppelsechs“. Früher war die 6 die klassische Rückennummer des defensiven Mittelfeldspielers. In diesem System gibt es zwei Spieler auf dieser Position, daher die Bezeichnung. Heutzutage ist einer der beiden in der Regel etwas offensiver ausgerichtet. Zusätzlich unterstützen ein offensiver Mittelfeldspieler und zwei Flügelspieler den Stürmer.

Jogi Löw hat jetzt sein System geändert. Er lässt nicht mehr
4-4-2
spielen, sondern spielt jetzt ein
4-4-3.

Oliver Kahn

Totaler Fußball

In den 1970er-Jahren setzten die Niederländer auf „totalen Fußball“: Alle Spieler konnten bei diesem offensiven System auf jeder Position spielen und passten ihre Plätze und Aufgaben je nach Spielsituation an. Alle Feldspieler greifen hierbei gemeinsam an oder verteidigen zusammen.

Tiki-Taka

Die Spanier führten das schnelle Kurzpassspiel als Angriffstaktik ein: Der Ball wird rasch zwischen den Kickern weitergegeben, möglichst bei nur einem Ballkontakt. Die gesamte Mannschaft beteiligt sich am Angriff und an der Verteidigung. Hohes Tempo, gute Reaktionen und sicheres Passspiel sind Voraussetzungen für ein erfolgreiches „Tiki-Taka“. Dann hat der Gegner schlechte Chancen, in Ballbesitz zu kommen.

Der Torwart

Neben Wendigkeit und hervorragenden Reaktionen braucht ein Torwart Mut und gute Nerven. In der Regel ist er der letzte Mann, der ein gegnerisches Tor verhindern kann. Er muss Angreifer richtig einschätzen und rasch eine Entscheidung treffen. Die sollte er seinem Gegner allerdings so spät wie möglich zeigen. Denn sobald der Torwart sich bewegt, hat der Stürmer eine Chance, die Lücke im Tor zu erkennen.

Mitspielender Torwart

Heutzutage sind Torhüter auch am Spielaufbau beteiligt. Sie gehen weit aus ihrem Tor heraus, um Anspielstation für ihre Teamkollegen zu sein. Mit dem Abschlag oder Abwurf startet der Torwart den Angriff und kann sogar ein Tor seiner Mannschaft vorbereiten.

Fangen und Faustabwehr

Bei einem Schuss auf sein Tor wird der Torwart versuchen, den Ball sicher zu fangen und an seinen Körper zu drücken. Ist das nicht möglich, kann er ihn auch mit der Faust wegboxen oder mit den Fingern abwehren. Das gibt den Angreifern jedoch eventuell die Gelegenheit zum Nachschuss. Der Torwart sollte den Ball deshalb nicht in den eigenen Strafraum fausten, sondern möglichst zur Seite, über das Tor ins Aus oder weit nach vorne. Im Bild oben hechtet Gianluigi Buffon nach dem Ball.

Zettel in der Socke

Beim WM-Viertelfinale 2006, Deutschland gegen Argentinien, kam es zum Elfmeterschießen. Immer wieder griff der deutsche Torhüter Jens Lehmann vor den Schüssen der Gegner in seine Socke, zog einen kleinen Zettel heraus und las ihn. Torwarttrainer Andreas Köpke hatte darauf mit Bleistift die Namen möglicher Schützen notiert und welche Torecke sie bevorzugten. Obwohl nicht alle Namen draufstanden, hielt Lehmann zwei Elfmeter und die Deutschen kamen ins Halbfinale. Vielleicht hat der Blick auf den Zettel dazu beigetragen, die argentinischen Schützen zu verunsichern. Der Zettel wurde für einen guten Zweck versteigert und an das „Haus der Geschichte" in Bonn übergeben.

Fußballschule: Der richtige Griff

So fängst du sicher:
Bei flachen Bällen öffnest du die Handflächen mit den Fingerspitzen nach unten. Die kleinen Finger sind in der Mitte beieinander. Bringe deinen Körper hinter den Ball und setzte ein Knie auf dem Boden auf. Dann kann der Ball nicht zwischen deinen Beinen hindurchrollen.

Bei Bällen in Brusthöhe und höher drehst du die geöffneten Hände nach oben. Die Handflächen zeigen nach vorn zum Ball, die Daumen in der Mitte zueinander. Halte die Augen auf den Ball gerichtet. Deine Hände bewegen sich beim Fangen auf den Ball zu. Wenn du ihn hast, ziehe ihn an deinen Körper. Übe das Fangen mit einem Freund, der dir Bälle zuspielt.

Herauslaufen

Stürmt ein Angreifer allein mit dem Ball in Richtung Tor, kann der Torhüter auf den Stürmer zulaufen. Er zeigt dadurch Präsenz und verengt den Schusswinkel. Die Möglichkeiten, den Ball an ihm vorbei ins Tor zu schießen, werden kleiner. Der Torwart deckt eine größere Fläche vom Tor ab.

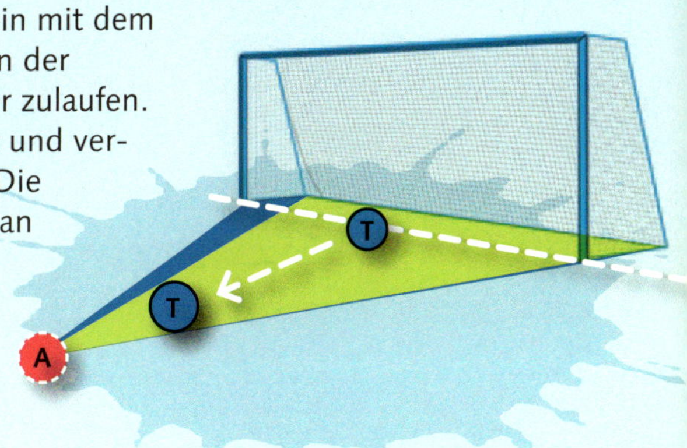

Ein Torhüter muss Ruhe ausstrahlen. Er muss aber aufpassen, dass er dabei nicht einschläft.
Sepp Maier

Abschlag und Abwurf

Nachdem ein Torhüter den Ball gefangen hat, bringt er ihn mit einem Abschlag oder Abwurf wieder ins Spiel. Beim Abschlag wird der Ball mit dem Vollspann (der Oberseite des Fußes) hoch und weit nach vorne geschossen. Der Abwurf kann mit aufrechtem Oberkörper nach oben geschehen oder der Ball wird bei kurzer Entfernung in gebeugter Haltung flach über den Boden gerollt.
Je weiter und genauer ein Torwart seinen Abwurf oder Abschlag platziert, umso näher bringt er seine Mitspieler mit dem Ball ans gegnerische Tor heran. Die Gegner werden natürlich versuchen, den Ball abzufangen.

Manuel Neuer gilt als mitspielender Torwart. Er beteiligt sich am Spielaufbau. Weite, zielgenaue Abwürfe gehören zu seinen Stärken.

Die Abwehr

Eine gute Abwehr sorgt dafür, dass die gegnerische Mannschaft erst gar keine Torchance bekommt. Verteidiger müssen aufmerksam sein und ihre Gegenspieler immer im Auge behalten. Sie stören Angreifer auf dem Weg zum Tor und jagen ihnen den Ball ab.

> Die Deckung hat Angst vor ihrem schwachen Torwart. Deshalb spielt sie so gut.
>
> ***Udo Lattek***

Douglas Santos (ehemals Hamburger SV) gegen Kingsley Coman (FC Bayern München).

Mann- oder Raumdeckung

Es gibt verschiedene Arten, wie die Abwehr ihr Tor sichern kann: Bei der Manndeckung ist jeder Verteidiger einem bestimmten Gegenspieler zugeordnet. Er bleibt nah an ihm dran und bewacht ihn ständig. Bei der heute üblicheren Raumdeckung bewachen die Verteidiger bestimmte Spielfeldbereiche. Läuft ein Angreifer in einen anderen Abschnitt, übernimmt der nächste Verteidiger. Fehler passieren, wenn sich keiner für einen Stürmer zuständig fühlt. Auch Mischformen von Mann- und Raumdeckung sind möglich.

Die Vierer-Abwehrkette

Bei der Raumdeckung gibt es die Möglichkeit der Viererkette. Das heißt, dass in der Grundposition vier Abwehrspieler in einer Reihe parallel zur Torlinie vor dem eigenen Tor stehen. Die beiden Enden der Kette sind die Außenverteidiger. Sie unterstützen außerdem den Angriff über die Flügel, also entlang der Seitenlinien. Eine gut funktionierende Abwehrkette ist Voraussetzung für die Abseitsfalle (→ S. 27).

Tackling

Das Tackling ist eine Grundtechnik der Verteidigung. Es dient dazu, im Zweikampf den Ball des Gegners zu erobern. Dabei wird der Ball mit dem eigenen Fuß geblockt oder mit einer Grätsche vom Fuß des Gegners gespielt. Wichtig ist, dass der Ball getroffen wird und nicht das Bein oder der Fuß des Angreifers. Das wäre ein Foul mit hoher Verletzungsgefahr! Der Verteidiger kann dafür die Gelbe oder Rote Karte sehen – je nachdem, wie groß der Schiedsrichter die Gefahr einschätzt.

Bei einem Freistoß in Tornähe bilden Spieler der abwehrenden Mannschaft eine Mauer, um die Schussmöglichkeiten aufs Tor zu verringern.

Fußballschule: Ballsicherheit

Als Verteidiger musst du den Ball immer unter Kontrolle haben. Den sicheren Umgang mit dem Ball kannst du üben, indem du ihn zum Beispiel mit beiden Füßen jonglierst: Kicke den Ball immer wieder mit dem Vollspann gerade nach oben, ohne dass er zwischendurch den Boden berührt. Achte darauf, dass du deinen Oberkörper dabei nicht nach hinten beugst. Zähle deine Ballkontakte. Übe das Jonglieren auf verschiedenen Höhen: Kicke den Ball bis in Knie-, Hüft-, Brust- und Kopfhöhe. Trainiere immer mit beiden Füßen!

Niklas Süle

Position: Abwehr
Geboren am: 3.9.1995
Größe: 1,95 m
Verein: Borussia Dortmund
Erfolge (Auswahl):
Confed-Cup-Sieger 2017
Champions-League-Sieger 2020
Deutscher Meister 2018, 2019, 2020, 2021, 2022
DFB-Pokal-Sieger 2019, 2020

Heutzutage ist Vielseitigkeit auf allen Positionen gefragt: Moderne Abwehrspieler wie Niklas Süle übernehmen mehr Aufgaben als das Abschirmen des eigenen Tors. Sie können das Angriffsspiel eröffnen und sind auch vorne, vor dem Tor des Gegners gefährlich. Zum Beispiel sind Verteidiger oft groß und haben ein gutes Timing für Kopfbälle, die in der Abwehr und auch im Angriff extrem wichtig sind.

84,5 Millionen Euro Ablöse an den FC Southampton zahlte der FC Liverpool Ende 2017 für den Innenverteidiger Virgil van Dijk. Dank dieses Coups wurde der Niederländer zum bis dahin teuersten Abwehrspieler aller Zeiten.

Das Mittelfeld

Ideenreichtum, technisch perfekte Einzelspieler und eine gute Zusammenarbeit zeichnen ein starkes Mittelfeld aus. Ausdauer ist eine weitere Voraussetzung für den Erfolg. Denn Mittelfeldspieler überbrücken den Weg zum gegnerischen Tor und legen weite Laufwege zurück. Sie haben sowohl defensive als auch offensive Aufgaben: Mittelfeldspieler setzen Angreifer unter Druck, erobern den Ball und leiten den Angriff der eigenen Mannschaft ein. Sie bereiten Torschüsse vor und erzielen selbst Treffer.

Pässe

Ein Pass ist das genaue Zuspiel zu einem Teamkollegen. Pässe müssen sicher geschossen werden, damit der Gegner den Ball nicht abfangen kann. Beim Steilpass wird der Ball in den Laufweg eines Mitspielers gekickt. Dazu muss der Schütze den Weg und die Schnelligkeit des Spielers richtig einschätzen.
Je nach Taktik und Situation spielen manche Teams One-Touch-Fußball: Der Ball wird nach nur einem Kontakt mit einem schnellen Kurzpass an einen Mitspieler weitergegeben.

Julian Brandt ist für seine präzisen Pässe und sein sicheres Dribbling bekannt.

Fußballschule: Hindernis-Dribbling

Bau dir einen Trainingsparcours: Als Hindernisse dienen Jacken, Taschen, Plastiktrinkflaschen und andere Gegenstände, die beim Umfallen nicht kaputtgehen. Sie dürfen auch keine scharfen Kanten haben, damit du dich nicht verletzt. Lege und stelle sie mit etwas Abstand voneinander hin und dribble im Slalom um sie herum. Setze dazu beide Füße ein. Verändere Abstände und Lage der Hindernisse und versuche es erneut. Du kannst von einem Freund deine Zeit stoppen lassen. Nach jedem Durchgang wechselt ihr.

Dribbling

Beim Dribbling läuft ein Spieler allein mit dem Ball und führt ihn eng am Fuß. Das verringert die Möglichkeiten für Gegenspieler, den Ball zu erobern. Verschiedene Tricks und Finten dienen dazu, den Gegner zu täuschen. Der Spieler zeigt zum Beispiel mit seiner Körperhaltung an, dass er rechts an einem Gegenspieler vorbeidribbeln möchte. Sobald der Gegner darauf einsteigt, ändert er schnell seine Richtung und kickt den Ball nach links.

Im Pokalfinale 2019 schießt Mittelfeldspieler Leon Goretzka aufs Tor. Sein Treffer wurde jedoch nicht gezählt, da Robert Lewandowski im Abseits stand.

Flügelspiel

Flügelspieler greifen den Gegner über die Seiten an. Sie laufen mit dem Ball nach vorn, um ihn einem Stürmer zuzuspielen oder eine Flanke in den gegnerischen Strafraum zu schlagen. So kann ein Team beim Angriff die ganze Spielfeldbreite nutzen und die Abwehr der Gegner auseinanderziehen.

Pressing

Das Mittelfeld-Pressing ist eine Verteidigungstaktik, an der sich die gesamte Mannschaft beteiligt. Ziel ist, den Gegner früh beim Spielaufbau zu stören – manchmal schon vor dessen Strafraum – und selbst an den Ball zu kommen. Alle Spieler orientieren sich am Ball, der Ballführende wird attackiert und seine Passmöglichkeiten werden blockiert. Ihm bleibt wenig Raum zum Laufen oder Abspielen. Kommt es zum Ballverlust des Gegners, muss die Mannschaft sofort auf Angriff umschalten.

Die **10** ist traditionell die Rückennummer des Spielmachers im offensiven Mittelfeld (oder auch im Sturm). Der 10er behält die Übersicht, ist immer anspielbar und gestaltet das Spiel entscheidend mit. Als herausragende Spielmacher mit der Nummer 10 galten zum Beispiel Pelé, Diego Maradona, Lothar Matthäus und Zinédine Zidane. Die heutigen Spielmacher tragen nicht mehr automatisch diese Rückennummer. Die Bezeichnung 10er für Ausnahmespieler wie Lionel Messi, Neymar oder Kevin de Bruyne ist aber geblieben.

Der Angriff

Hauptaufgabe von Offensivspielern ist es, Tore zu erzielen. Und weil mit Toren Spiele gewonnen werden, sind es meist die Stürmer, die das größte Interesse von Zuschauern und Medien auf sich ziehen. Doch auch die Anforderungen an Angreifer haben sich im Laufe der Zeit gewandelt: Früher hatten sie ihre feste Position vor dem Tor und konnten auf das Zuspiel der anderen warten. Heute arbeiten sie wie alle im Gesamtsystem der Mannschaft mit.

Torschuss

Vor dem gegnerischen Tor muss ein Angreifer rasend schnell mehrere Entscheidungen treffen: Schießt er selbst aufs Tor oder ist ein Mitspieler in besserer Position? Der Schütze muss eine Torecke wählen und er bestimmt, welche Schusstechnik er anwendet. Bei alldem heißt es: Ruhig bleiben! Der Torschuss sollte zielgenau und kraftvoll sein. Er kann mit Effet geschossen werden, das heißt, der Ball bekommt einen Drall und fliegt eine Kurve. Solche Bälle sind oft schwerer zu halten. Die meisten Spieler haben einen starken Fuß, mit dem sie in der Regel schießen. Man spricht dann von Links- oder Rechtsfuß. Angreifer, die mit beiden Füßen gleich gut treffen, sind besonders gefährlich, weil der gegnerische Torhüter sie schlechter einschätzen kann.

Fallrückzieher – wie dieser von Rafinha – setzen technisches Können und körperliche Fitness voraus. Die Schusstechnik ist erlaubt, wenn kein Gegenspieler dabei verletzt werden kann.

Spektakuläre Fallrückzieher

Der deutsche Stürmer Klaus Fischer war berühmt für seine Fallrückzieher. Sein Fallrückziehertor für die Nationalmannschaft im Länderspiel Deutschland gegen die Schweiz am 16.11.1977 wählten die ARD-Fernsehzuschauer zum Tor des Jahres, Tor des Jahrzehnts und schließlich sogar Tor des Jahrhunderts!
Auch 2012 gewann ein Tor durch Fallrückzieher die Zuschauerwahl: Im Freundschaftsspiel Schweden gegen England am 14.11.2012 erzielte Zlatan Ibrahimovic den spektakulären Treffer für die schwedische Nationalmannschaft aus ca. 25 Metern Entfernung! Bei solchen Aktionen helfen dem Stürmer sein Körpergefühl und seine Beweglichkeit. Beides trainiert Ibrahimovic auch beim Taekwondo.

Manni Flanke, ich Kopf – Tor!

Horst Hrubesch

40 Jahre lang galt der Rekord von FC-Bayern-Stürmer Gerd Müller: 1972 hatte Müller 85 Pflichtspieltore in nur einem Kalenderjahr erzielt. Erst 2012 wurde dieser Rekord überboten: Messi erhöhte auf 91 Tore und wurde im selben Jahr zum vierten Mal in Folge Weltfußballer des Jahres.

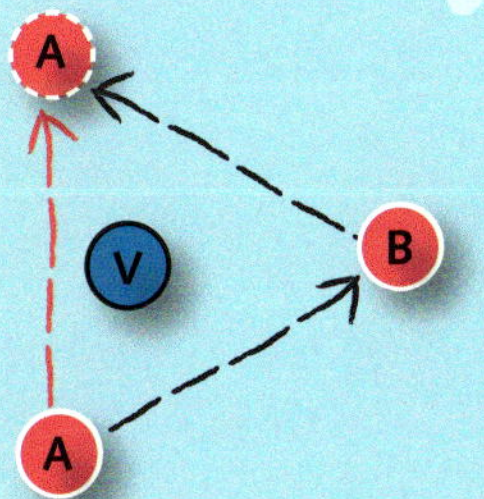

Doppelpass

Mit einem Doppelpass tricksen zwei Spieler gemeinsam die Verteidigung aus: Der erste läuft mit dem Ball auf den Verteidiger zu und passt ihn vor dem Gegner zu seinem Mitspieler. Dann läuft er am Verteidiger vorbei und der Mitspieler passt ihm den Ball sofort wieder zu.

Kopfballtor

Angreifer (im Bild oben: Jannik Vestergaard) sind kopfballstark – und können Flanken ins Tor köpfen. Dabei sind nicht nur Größe und Sprungkraft eines Angreifers entscheidend, auch sein Absprung im richtigen Moment ist wichtig.

Fußballschule: Torschuss-Technik

Direkt und kraftvoll schießt du mit dem Vollspann aufs Tor: Setze dein Standbein neben den Ball und hole mit dem Schussbein aus. Ziehe es mit gebeugtem Knie weit nach hinten. Dann lass das Bein nach vorne schnellen und führe deinen Schussfuß hinter den Ball. Die Fußspitze zeigt dabei nach unten. Das Bein schwingt nach vorne durch.

Doppelpass alleine? Vergiss es!

Lukas Podolski

Argentiniens Lionel Messi in einem Freundschaftsspiel gegen Deutschland auf dem Weg zum Tor.

Aufstellung und Analyse

Kopiere diese Seite, schneide die Trikots aus und schreibe die Namen deiner Traum-Elf darauf. Auf dem Fußballfeld kannst du deren Aufstellung in verschiedenen Spielsystemen (→ S. 38) testen. Welche möglichen Spielzüge ergeben sich daraus?

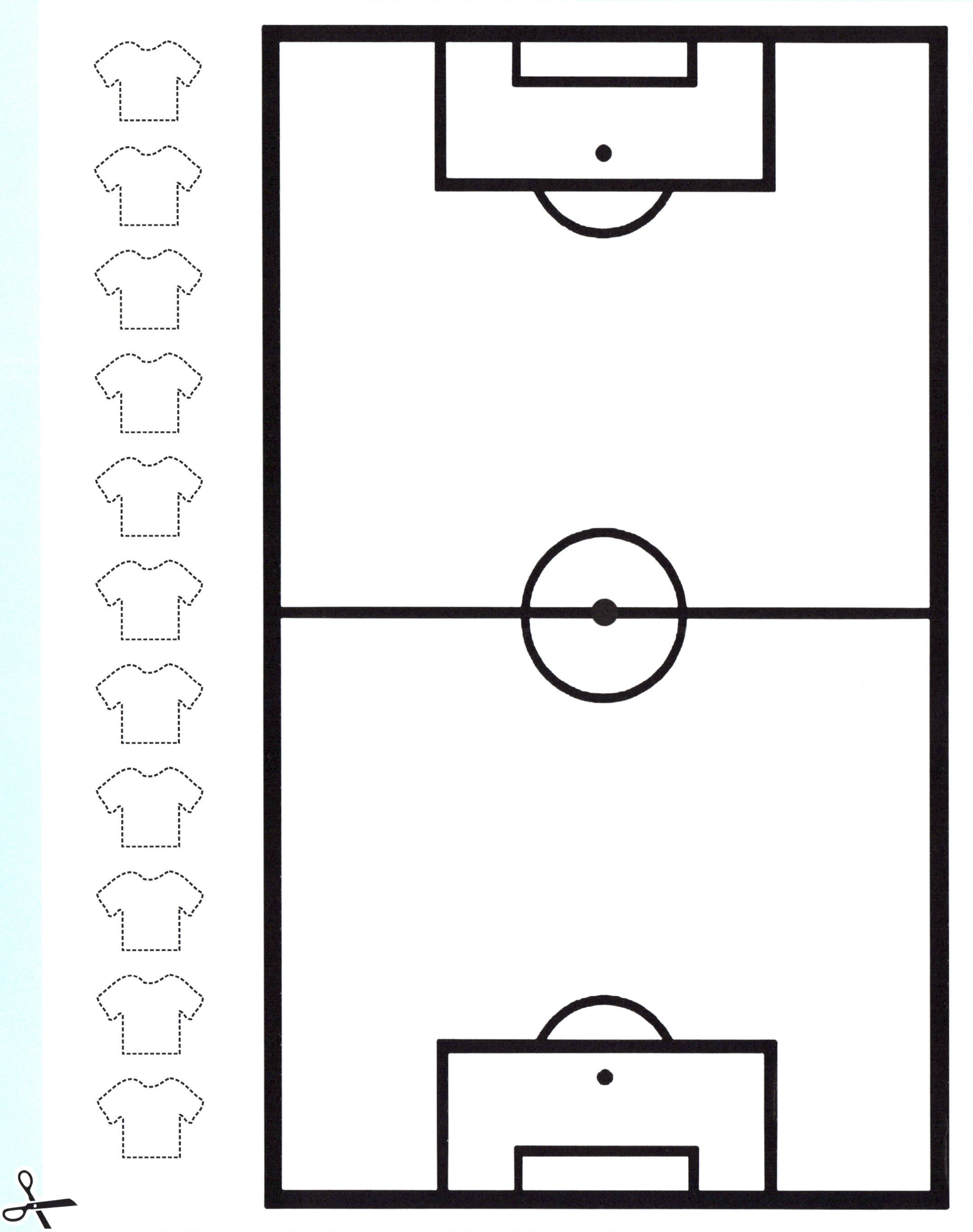

Jugend-
fußball

Fußballnachwuchs

Auch die ganz großen Fußballstars haben einmal klein angefangen – auf der Straße, dem Spielplatz, zu Hause, im Kindergarten, in der Schule. Wenn die Fußballleidenschaft über das gelegentliche Kicken mit Freunden hinausgeht, sollte man Mitglied in einem Verein werden. Die Nachwuchsförderung ist dort eine wichtige Aufgabe. Bereits im Vorschulalter können Kinder am Fußballtraining teilnehmen. Damit es fair zugeht und etwa gleich starke Gegner aufeinandertreffen, werden Kinder und Jugendliche in verschiedene Altersklassen eingeteilt.

Halbzeit!

Verringerte Mannschaftsgrößen

In der G-Jugend laufen bis zu sechs Kicker pro Team über den Rasen, in der F- und E-Jugend sind es bis zu sieben, in der D-Jugend bis zu neun Spieler pro Mannschaft. Ab der C-Jugend müssen sieben bis elf Mannschaftsmitglieder auf dem Platz stehen. B-Juniorinnen spielen auf Regionalverbands- und DFB-Ebene auf einem Normalspielfeld mit elf Spielerinnen pro Team.

Altersklassen

G-Junioren/G-Juniorinnen (Bambini)	bis 6 Jahre
F-Junioren/F-Juniorinnen	6–8 Jahre
E-Junioren/E-Juniorinnen	8–10 Jahre
D-Junioren/D-Juniorinnen	10–12 Jahre
C-Junioren/C-Juniorinnen	12–14 Jahre
B-Junioren/B-Juniorinnen	14–16 Jahre
A-Junioren/A-Juniorinnen	16–18 Jahre

Bis zur D-Jugend sind gemischte Mannschaften mit Mädchen und Jungen möglich. In der C- und B-Jugend ist die Zustimmung der Eltern Voraussetzung dafür. Mädchen im Alter der A-Jugend spielen in der Regel bereits in Frauenmannschaften. Seit 2022 gibt es Pilotprojekte, die es Spielerinnen ermöglichen, eine Spielberechtigung für die A-Junioren zu erhalten. Bei diesen "Kann-Regelungen" entscheiden die Landesverbände über deren Umsetzung. Ebenfalls seit 2022 sind bei den Erwachsenen im Amateurfußball gemischtgeschlechtliche Teams offiziell erlaubt. Die Pilotprojekte sind zunächst für die Dauer von zwei Jahren festgesetzt.

Abgewandelte Regeln

Viele Fußballregeln sind für den Nachwuchs vereinfacht. Bis zur E-Jugend gibt es zum Beispiel kein Abseits, keine Gelbe und Rote Karte und nur direkte Freistöße. Strafstöße werden aus acht Metern Entfernung geschossen. Außerdem sind beliebig viele Auswechslungen möglich und ein Spieler, der vom Trainer herausgenommen wurde, kann später wieder eingewechselt werden.
In der G- und F-Jugend werden noch keine Meisterschaften ausgetragen. Kinder dieser Altersklassen können aber an Turnieren und Freundschaftsspielen teilnehmen.

Kürzere Spieldauer

Die Spieldauer von 90 Minuten gilt erst ab der A-Jugend. Für alle anderen Altersklassen ist eine kürzere Spielzeit vorgesehen:

B-Jugend	2 x 40 Minuten
C-Jugend	2 x 35 Minuten
D-Jugend	2 x 30 Minuten
E-Jugend	2 x 25 Minuten
F-Jugend	2 x 20 Minuten
G-Jugend/Bambini	höchstens 2 x 20 Minuten

Eine Verlängerung beträgt in der A-Jugend maximal 2-mal 15 Minuten und in der B-Jugend maximal 2-mal 10 Minuten. Alle jüngeren Altersklassen spielen eine Verlängerung von 2-mal 5 Minuten.

Kleineres Spielfeld

Von den Bambini bis zur D-Jugend wird auf einem verkleinerten Fußballfeld gespielt. Die Bälle sind leichter, die Tore höchstens fünf Meter breit und zwei Meter hoch. Ab der C-Jugend kann das Spielfeld verkleinert sein, es darf aber auch schon die normale Größe haben.

Fußballschule: Den richtigen Verein finden

Du suchst einen Fußballverein für dich? Frage deine Freunde und Lehrer oder informiere dich im Internet, z. B. auf der Homepage deiner Gemeinde oder des ortsansässigen Fußball- oder Sportvereins.
Nicht alle Fußballvereine haben auch eine Mädchenmannschaft. Der DFB (Deutscher Fußball-Bund) stellt auf seiner Internetseite eine Linkliste bereit, in die sich Vereine mit Frauen- und Mädchenmannschaften eintragen können (→ S. 164).

Philipp Lahm: Mit fünf zur FT Gern

Mit gerade mal fünf Jahren startete Philipp Lahm seine Fußballkarriere bei der Freien Turnerschaft München Gern. Der Verein liegt im Stadtteil, in dem Philipps Familie lebt, und auch sein Vater spielte bereits dort. Als Philipp in der D-Junioren-Mannschaft kickte, wurden der FC Bayern und der TSV 1860 München auf sein Talent aufmerksam. Beide Vereine luden ihn zum Probetraining ein und mit zwölf Jahren kam er zum FC Bayern, wo er seine Profikarriere 2017 auch beendete. Dem Klub FT Gern ist Philipp Lahm nach wie vor eng verbunden. Kinder, die weniger behütet und zum Teil in großer Armut aufwachsen, unterstützt er mit einer eigenen Stiftung. Sie fördert Projekte in den Bereichen Sport und Bildung in Afrika und Deutschland.

Beim Training und bei den Spielen geht es nicht nur um fußballerisches Können, sondern auch um Teamgeist.

Junge Profis

Wer aus der Jugendmannschaft heraussticht und auffällig gut spielt, gilt als Talent. Um sich im Spitzenfußball international auch in Zukunft behaupten zu können, werden begabte Nachwuchskicker in Deutschland besonders gefördert. Verschiedene Organisationen arbeiten dabei eng zusammen.

Landesverbände und Vereine

Talentförderung beginnt im Amateurverein. Landesverbände bilden Trainer für Kinder und Jugendliche aus und sorgen für altersgerechte Wettbewerbe. Sie stellen Auswahlteams mit den besten Nachwuchsspielern in verschiedenen Altersklassen für Sichtungsturniere des DFB und bereiten die Kinder und Jugendlichen darauf vor.

Talentsichtung

Bevor Talente gefördert werden können, muss man sie erst einmal entdecken. Verbände und Vereine veranstalten Sichtungstermine, Talentsucher beobachten Spieler auf dem Platz beim Training und Wettkampf. Bei Sichtungsturnieren des DFB (→ S. 102) spielen Auswahlteams der Landesverbände gegeneinander.

Talentförderprogramm des DFB

Der DFB sichtet und fördert Fußballtalente an Stützpunkten in ganz Deutschland. In einem auf sie zugeschnittenen Zusatztraining werden die Nachwuchsspieler auf die Leistungszentren der Bundesligavereine und die Eliteschulen des Fußballs vorbereitet.

Worauf es ankommt

Trainer und Talentscouts achten bei der Sichtung bzw. dem Probetraining auf technische und taktische Fähigkeiten der Nachwuchsspieler. Die Zusammenarbeit im Team sollte gut funktionieren – wer nur allein Kunststücke mit dem Ball vorführt und den Rest der Mannschaft dabei vergisst, wird wenig Erfolg haben. Spielfreude, Ausdauer, Schnelligkeit, ein starkes Selbstbewusstsein und Ideenreichtum sind ebenfalls gefragt.

Wenn ich nicht Fußballer geworden wäre, wäre ich Superman geworden.
Cristiano Ronaldo

Viele Spieler der jungen deutschen Nationalmannschaft, die sich im Juli 2017 über den Sieg des Confederation Cups freuen konnten, haben die Nachwuchsabteilungen oder Leistungszentren eines Bundesligavereins besucht.

TALENTFÖRDERUNG

Ferienangebote

Einige Landesverbände und Vereine bieten Fußballschulen und Camps in den Ferien an. Termine und Informationen hierzu werden auf der Internetseite des DFB veröffentlicht und können direkt bei den Vereinen erfragt werden.

Eliteschulen des Fußballs

Eliteschulen des Fußballs arbeiten mit Leistungszentren zusammen und dienen dazu, auch bei intensivem, zeitaufwendigem Training eine schulische Ausbildung zu gewährleisten. Denn wenn es mit der Profikarriere nicht klappt, sollen den Jugendlichen andere Möglichkeiten offenstehen. So werden zum Beispiel Trainings- und Stundenpläne aufeinander abgestimmt, Klausurtermine den sportlichen Anforderungen angepasst, und bei Bedarf erhalten Schüler Hausaufgabenbetreuung und Nachhilfe. Spieler der U-Nationalmannschaften werden bei der Vorbereitung auf Prüfungen unterstützt und bekommen Extrastunden, wenn sie Unterricht versäumt haben.

Leistungszentren der Bundesligavereine

Vereine der 1. und 2. Bundesliga sind verpflichtet, in sogenannten Leistungszentren Nachwuchsfußballer auszubilden. Sie müssen für optimale Trainingsmöglichkeiten und ärztliche Betreuung der Spieler sorgen. Außerdem achten sie darauf, dass Training und Schule miteinander vereinbar sind (zum Beispiel in einer Eliteschule des Fußballs). Jugendliche, die eine weite Anreise haben, können in Internaten und bei Gastfamilien untergebracht werden. Auch Klubs der 3. Liga und Regionalliga dürfen Leistungszentren unterhalten.

Ziel: Weltklassefußball

Jugendauswahlmannschaften des DFB, die sogenannten U-Teams, messen sich in internationalen Wettbewerben mit dem Fußballnachwuchs anderer Länder. „U" steht für „unter" und die folgende Zahl gibt das Alter an, unter dem die teilnehmenden Spieler und Spielerinnen sind. Diese Jugendnationalmannschaften bauen einerseits Einzelspieler weiter für den Spitzenfußball auf. Andererseits ist das erklärte Ziel der Teams, internationale Titel zu holen!

Erfolg tut nur der haben, der hart arbeiten tut.

Klaus Toppmöller

Harte Schule

Für den Traum, Profifußballer zu werden, müssen die Nachwuchsspieler viel aufgeben. Sie haben wenig Freizeit und nehmen Trennungen von ihren Familien und Freunden in Kauf. Da hilft es enorm, wenn sie sich mit ihren Mitspielern und Trainern gut verstehen. Wichtig ist außerdem, dass sie ihre Chancen nutzen, sich weiterentwickeln und möglichst verletzungsfrei bleiben.

Die deutsche U21 feiert im Juni 2017 ihren Sieg gegen Spanien im Finale der Europameisterschaft.

2004, 2010 und 2014 (Foto) freuten sich die U20-Spielerinnen über den Weltmeistertitel.

DFB-Auswahlmannschaften

Mädchen und Frauen:

U15-, U16- und U17-Juniorinnen,

U19-, U20- und U23-Frauen

Jungen und Männer:

U15-, U16-, U17-, U18-, U19-Junioren,

U20- und U21-Männer

U-Teams, Erfolge (Auswahl)

Mädchen und Frauen:

U19-Weltmeisterinnen 2004

U20-Weltmeisterinnen 2004, 2010, 2014

U17-Europameisterinnen 2008, 2009, 2012, 2014, 2016, 2017, 2019, 2022

U18-Europameisterinnen 2000 und 2001

U19-Europameisterinnen 2002, 2006, 2007, 2011

Jungen und Männer:

U17-Europameister 2009

U19-Europameister 2008, 2014

U21-Europameister 2009, 2017, 2021

La Masia

Auch Klubs in anderen Ländern haben eine ausgezeichnete Nachwuchsförderung. Ein Beispiel ist die Talentschmiede „La Masia" des FC Barcelona. Spitzenfußballer wie Andrés Iniesta und Lionel Messi erhielten hier ihre Fußballausbildung. Lionel Messi war 13 Jahre alt, als er mit seiner Familie aus Rosario, Argentinien, nach Barcelona kam. Aufgrund einer Wachstumsstörung war er nur 1,43 m groß. Er wirkte eher schüchtern, doch auf dem Platz zeigte er schnell, was er konnte. Drei Jahre lang durchlief Messi die Fußballakademie. Mithilfe einer Hormonbehandlung wuchs er auf 1,69 m heran. Viele Spieler, die mit ihm La Masia besucht haben, stehen auch heute neben ihm auf dem Platz. Sie kennen sich und ihre Spielweise also sehr gut.

Mein Verein

Isabella war zehn Jahre alt und spielte seit einem halben Jahr in einem Mädchenteam des FV „Rheingold" Rübenach 1919 e. V., als sie uns dieses Interview gab.

Frage an Isabella: *Wie hast du den passenden Verein für dich gefunden?*
Isabella: Ich habe mit meinen Eltern im Internet geguckt. Wir haben „Mädchenmannschaft" eingegeben und unseren Ort. Da standen dann die Trainingszeiten und da sind wir hingegangen.

Auf welcher Position spielst du?
Im Mittelfeld.

Wie oft trainiert ihr?
Zweimal in der Woche. Wir fangen mit irgendeinem Spiel an. Danach üben wir mit dem Ball. Und dann machen wir meistens noch ein Abschlussspiel, zwei Mannschaften gegeneinander.

In welcher Altersklasse spielst du?
In der E-Jugend.

Spielst du schon in der Kreisliga?
Nächste Saison bin ich in der Mannschaft.

Wie groß ist euer Team?
In der E-Jugend sind wir sieben auf dem Platz, mit Torwart.

Was ist besonders wichtig, wenn man in einer Vereinsmannschaft spielen will?
Dass man nicht so ein Motzkopf ist oder dauernd irgendwelchen Unsinn macht. Dann klappt das ganze Training nicht. Und genauso die Spiele.

Was hat dir bisher in deinem Verein am besten gefallen?
Wir haben ein Turnier gewonnen. Ich habe ein Tor geschossen, das 1 : 0.

Welche Fußballziele und Träume hast du?
Vielleicht mal in einer Bundesligamannschaft spielen. Aber das ist bestimmt schwer, da reinzukommen.

Hast du einen Lieblingsverein?
Ja, den BVB.

Welche Spieler findest du gut?
Hummels oder Reus.

Danke, Isabella. Viel Erfolg mit deinem Team!

Die Bundesliga

Bundesliga damals und heute

Vor Einführung der Bundesliga gab es in Deutschland keine einheitliche höchste Spielklasse. Alarmiert durch internationale Niederlagen deutscher Teams im Europapokal und der Nationalmannschaft bei der WM in Chile 1962, machten sich Bundestrainer Sepp Herberger, der Präsident des 1. FC Köln Franz Kremer und der spätere DFB-Präsident Hermann Neuberger für eine eingleisige nationale Liga (→ S. 162) stark.

16 Vereine am Start

Als am 24. August 1963 der Startschuss fiel, waren 16 Vereine mit dabei. Der heutige Rekordmeister FC Bayern München gehörte nicht dazu. Sein Konkurrenzverein, der TSV 1860 München, hatte eine Lizenz bekommen und zwei Klubs aus derselben Stadt schienen den DFB-Verantwortlichen zu viel. 1965 gelang dem FC Bayern München der Aufstieg in die höchste Spielklasse.
Im Sommer 2023 feierte die Bundesliga ihr 60-jähriges Bestehen.

Erstes Tor verpasst

Das erste Tor der Bundesliga erzielte Friedhelm „Timo" Konietzka, Stürmer bei Borussia Dortmund, in der 1. Spielminute gegen Werder Bremen. Ein Foto gibt es davon nicht – alle Fotografen hockten hinter dem Tor der Borussia und warteten auf einen Treffer der Bremer.

„Timo“ Konietzka im Jahr 1963 während der Begegnung Karlsruher SC – Borussia Dortmund (1 : 3).

Beruf Fußballer

Die Spielergehälter durften anfangs 1200 Mark (613,55 Euro) monatlich nicht überschreiten, das legte das erste Bundesligastatut fest. Man wollte keine Vollprofis und so mussten die meisten Fußballer nebenher zusätzlich Geld verdienen. Ausländische Spieler waren die Ausnahme, erlaubt waren zwei pro Verein. Am ersten Spieltag kamen insgesamt gerade mal drei zum Einsatz: der Jugoslawe Petar „Radi“ Radenkovic (TSV 1860 München), der Niederländer Jacobus Prins (1. FC Kaiserslautern) und Wilhelm Huberts aus Österreich (Eintracht Frankfurt). Heute verdienen die Stars unter den Profifußballern in der Bundesliga Millionenbeträge. Die Teams sind mit internationalen Spitzenspielern besetzt, wobei man auch auf die Förderung des eigenen Nachwuchses großen Wert legt.

Jetzt haben wir den
Salat,
sind aufgestiegen
und müssen uns
in der Bundesliga
richtig anstrengen.
Otto Rehhagel

43 Millionen Euro vereinbarte der VfL Wolfsburg 2015 als Ablösesumme für FC-Schalke-04-Spieler Julian Draxler – bis dahin der teuerste Transfer innerhalb der Bundesliga.

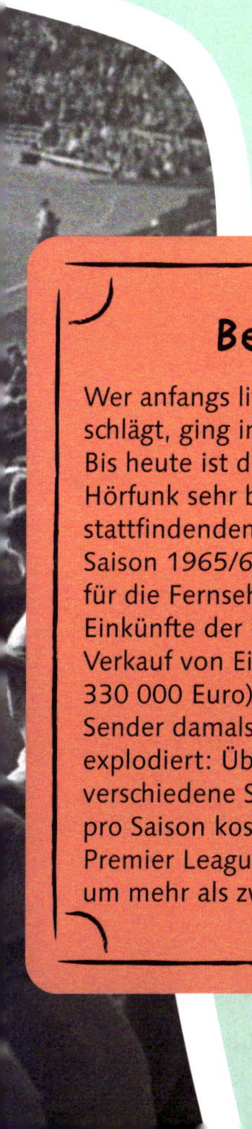

Berichterstattung

Wer anfangs live erfahren wollte, wie sein Klub sich schlägt, ging ins Stadion oder saß vor dem Radio. Bis heute ist die Bundesligakonferenz im ARD-Hörfunk sehr beliebt, die zwischen den parallel stattfindenden Spielen hin und her schaltet. In der Saison 1965/66 gaben ARD und ZDF erstmals Geld für die Fernsehrechte aus. Zuvor stammten die Einkünfte der Liga fast ausschließlich aus dem Verkauf von Eintrittskarten. 648 000 Mark (ca. 330 000 Euro) zahlten die öffentlich-rechtlichen Sender damals. Inzwischen sind die Fernsehgelder explodiert: Über 1,16 Milliarden Euro lassen sich verschiedene Sender die TV- und Internetrechte pro Saison kosten. Im Vergleich zur englischen Premier League ist das noch wenig: Dort geht es um mehr als zwei Milliarden.

Veränderungen

Hertha BSC Berlin musste 1965 zur Strafe in die Regionalliga wechseln: Der Klub hatte seinen Spielern zu viel Geld gezahlt und damit gegen die Bestimmungen verstoßen. Der SC Tasmania 1900 Berlin ersetzte Hertha BSC in der folgenden Saison (→ S. 60), außerdem wurde entschieden, dass kein Klub absteigen sollte. Damit erhöhte sich die Zahl der Bundesligavereine auf 18. Nochmals vorübergehend aufgestockt wurde nach der deutschen Wiedervereinigung: 1991/92 kamen Dynamo Dresden und Hansa Rostock aus der ehemaligen DDR hinzu. Eine Saison lang kämpften 20 Vereine in der Bundesliga, von denen am Ende vier abstiegen.

Helden, Tiere, Katastrophen

Von Anfang an haben ihre Akteure die Bundesliga zu dem gemacht, was sie ist: ein sportlicher Wettbewerb auf hohem Niveau und mit großem Unterhaltungswert! Sie hat Weltstars hervorgebracht wie den „Kaiser" Franz Beckenbauer und erfreute die Zuschauer immer wieder mit lustigen Zwischenfällen, schockierte zuweilen aber auch mit ernsten Skandalen.

Schlechtester Klub jemals

Nachdem Hertha BSC 1965 in die Regionalliga strafversetzt worden war, durfte der SC Tasmania 1900 Berlin ersatzweise in die Bundesliga aufrücken. Der kleine Verein überschätzte offensichtlich seine Möglichkeiten, als er dieses Angebot des DFB annahm. Nach einer einzigen Saison mit nur zwei Siegen, vier Unentschieden und den meisten Niederlagen jemals (28), stieg der Klub wieder ab. Was blieb, sind weitere Negativrekorde: Die Tasmanen erzielten zum Beispiel die wenigsten Tore in einer Saison (15) bei den meisten Gegentreffern (108) und bestritten das Spiel mit der geringsten Zuschauerzahl (827).

Bundesligaskandal 1971

1971 erschütterte ein Bestechungsskandal die Bundesliga: Zahlreiche Spieler hatten Schmiergelder kassiert – sie sollten dafür die Spielergebnisse im Abstiegskampf beeinflussen. Viele von ihnen sowie einige Trainer und Funktionäre mussten Geldstrafen zahlen und wurden gesperrt. Die Klubs Kickers Offenbach und Arminia Bielefeld verloren ihre Bundesligalizenz.

Hundebisse und echte Löwen

Am 6. September 1969 schoss Schalke-Kicker Hansi Pirkner im Revier-Derby das 1 : 0 gegen Dortmund und brachte damit neben seinen Mannschaftskollegen auch die Fans zum Jubeln. Begeistert stürmten die Fans auf den Platz. Die Dortmunder Ordner folgten ihnen mit Schäferhunden und verloren die Kontrolle über die Tiere: Schalkes Mittelfeldspieler Gerd Neuser wurde in den Oberschenkel gebissen, Schäferhund Rex erwischte seinen Teamkollegen Friedel Rausch zweimal am Hintern. Rausch bekam eine Tetanusspritze und kickte weiter bis zum Abpfiff. Zum Rückspiel brachten die Schalker junge, zahme Löwen mit, die sie als Antwort auf die Hundeattacke vor dem Anpfiff angeleint von Ordnern auf den Platz führen ließen.

Pfostenbruch im Bökelbergstadion

Beim Spiel Borussia Mönchengladbach gegen Werder Bremen am 3. April 1971 stand es 1 : 1, als Gladbachs Stürmer Herbert Laumen in der 88. Minute einen Freistoß seines Teamkollegen Günter Netzer verwandeln wollte. Laumen verfehlte den Ball und landete selbst im Netz – mit solcher Wucht, dass ein morscher Pfosten des Holztors brach! Das Spiel konnte nicht fortgesetzt werden. Der DFB wertete die Partie im Nachhinein mit 2 : 0 für Bremen – als Strafe für die Gastgeber, die für die Tore verantwortlich waren.

Schräge Vögel

Als Sepp Maier (FC Bayern München) sich 1976 in einem Spiel gegen den VfL Bochum langweilte, versuchte er, im Hechtsprung eine Ente zu erwischen. Das Tier hatte sich ins Stadion verirrt und in Tornähe niedergelassen. Den Spitznamen „Ente“ bekam der Holländer Willi Lippens (Rot-Weiß Essen und Borussia Dortmund) für seinen watschelnden Gang. Auch er unterhielt die Zuschauer nicht nur mit fußballerischen Fähigkeiten, sondern daneben mit kleinen Showeinlagen: Manchmal setzte er sich einfach auf den Ball – was einige Gegner und Schiedsrichter ziemlich ärgerte.

Das Publikum liebte „die Ente“ Willi Lippens für seine Showeinlagen.

Einwurftor

„Aus einem Einwurf kann direkt kein Tor erzielt werden“ – heißt es in den Fußballregeln von FIFA und DFB. Erst nach einem weiteren Ballkontakt zählt der Treffer. Bitter ist, wenn der Torwart selbst den Ball berührt, bevor er ins Netz geht, und das Tor damit gültig macht. So passiert ist das Jean-Marie Pfaff bei seinem ersten Spiel für den FC Bayern München 1982: Uwe Reinders, Werder Bremen, gelang ein weiter Einwurf in den Strafraum, Pfaff kam mit den Fingerspitzen an den Ball und der landete hinter der Torlinie – 1 : 0 für Bremen!

Ich habe fertig!

Enttäuscht von den schlechten Leistungen seines Teams und wütend, weil einige Spieler seine Taktik kritisiert hatten, hielt der aufgebrachte FC-Bayern-Trainer Giovanni Trapattoni bei einer Pressekonferenz am 10. März 1998 eine legendäre Rede. Und obwohl der Italiener die deutsche Sprache nicht perfekt beherrschte, verstand jeder, was er zu sagen hatte: „(...) Ein Trainer ist nicht ein Idiot! (...) zwei oder drei diese Spieler, waren schwach wie eine Flasche leer! (...) Was erlauben Strunz? (...) Ist immer verletzt! (...) Ich bin müde jetzt der Vater dieser Spieler, eh, verteidige diese Spieler! Ich habe immer die Schulde über diese Spieler (...) Ich habe fertig!“

Meister der Herzen

Der letzte Bundesliga-Spieltag 2001: Schalke 04 besiegte Unterhaching mit 5 : 3. Doch zum Gewinn der Meisterschaft brauchte der Klub die Hilfe des Hamburger SV, der zeitgleich gegen den FC Bayern München spielte. Und tatsächlich gelang den Hamburgern in der 90. Minute der Treffer zum 1 : 0. Ein Fernsehreporter verkündete den Schalkern das Ende des Spiels in Hamburg und beglückwünschte Schalke-Manager Rudi Assauer zur Meisterschaft. Fans und Mannschaft flippten aus: Schalke war Meister! Aber das Spiel in Hamburg war noch gar nicht abgepfiffen. Dort entschied der Schiedsrichter in der Nachspielzeit auf indirekten Freistoß für die Bayern – und der führte zum Tor. In letzter Sekunde jagte der FC Bayern München den Schalkern die Meisterschale ab! Schlagartig verwandelte sich der Schalker Freudentaumel in tiefe Enttäuschung.

Die Medien verliehen den Schalkern 2001 den Titel „Meister der Herzen“ – und Schalke 04 qualifizierte sich für die Champions League.

Top-Vereine

Viele Vereine spielten schon in der Bundesliga – einige sind besonders erfolgreich, andere besonders beliebt, manche verschwanden schnell wieder in die unteren Spielklassen. 16 Klubs, die inzwischen feste Größen im Kampf um Titel oder gegen den Abstieg sind, haben wir ausgewählt, um sie in kurzen Steckbriefen vorzustellen.

FC Bayern München

- Der FC Bayern München ist mit rund 300 000 Mitgliedern der größte Fußballverein weltweit, vor Benfica Lissabon. Laut einer Studie im Jahr 2022 gehören die Bayern auch zu den wertvollsten Fußballklubs der Welt: Der Verein ist geschätzt ca. 4 Milliarden Euro wert.
- Das Motto „Mia san mia" ist Ausdruck des großen Selbstbewusstseins der Münchner, die der erfolgreichste Verein der Bundesliga sind.

Gründungsdatum: 27. Februar 1900
Vereinsfarben: Rot-Weiß
Erfolge: 33 x Deutscher Meister, 20 x DFB-Pokalsieger, 8 x Europapokalsieger (davon 3 x Champions League), 2 x Weltpokalsieger; 2 x Supercup-Sieger, 2013 und 2020 Triple aus Deutscher Meisterschaft, DFB-Pokal und Champions-League-Sieg, 2 x Klub-WM-Sieger

Hamburger SV

- Knapp 55 Jahre spielte der HSV als einziger Verein permanent in der ersten Bundesliga. Am 12. Mai 2018 stieg der letzte Bundesliga-Dino zum ersten Mal ab.
- Als erster Verein in Europa hatte der HSV einen eigenen Friedhof für Fans – mit unverbaubarem Blick auf die Westtribüne.
- Die Hamburger werden „die Rothosen" genannt, weil ihr Heimtrikot aus weißem Hemd mit roter Hose besteht, was den Farben der Hansestadt entspricht.
- Uwe Seeler ist wohl der bekannteste ehemalige Spieler, der einer von vier Ehrenspielführern der deutschen Nationalmannschaft ist (zusammen mit Fritz Walter, Franz Beckenbauer und Lothar Matthäus).

Gründungsdatum: 29. September 1887
Vereinsfarben: Blau-Weiß-Schwarz
Erfolge: 6 x Deutscher Meister, 3 x DFB-Pokalsieger, 2 x Europapokalsieger

SV Werder Bremen

- Der Verein ist Gründungsmitglied der Bundesliga.
- Er beweist – phasenweise – eine im Profifußball seltene Treue zu seinen Trainern. Zwei blieben jeweils 14 Jahre: Otto Rehhagel trainierte die Bremer von 1981 bis 1995 (2 x Deutscher Meister, 2 x DFB-Pokalsieger, 1 x Europapokalsieger) und wurde zum Ende seiner Tätigkeit mit dem Spitznamen „König Otto" geehrt. Thomas Schaaf war von 1999 bis 2013 Trainer bei Werder (1 x Deutscher Meister, 3 x DFB-Pokalsieger).

Gründungsdatum: 4. Februar 1899
Vereinsfarben: Grün-Weiß
Erfolge: 4 x Deutscher Meister, 6 x DFB-Pokalsieger, 1 x Europapokalsieger

Stuttgarter Fans jubeln über den Meistertitel 2007.

2009 holte sich Werder Bremen den „Pott".

VfB Stuttgart

- Der „Verein für Bewegungsspiele Stuttgart 1893 e.V." gehört zu den Bundesliga-Gründungsmitgliedern.
- 1995 bis 1997 sorgte das sogenannte „magische Dreieck" für ordentlich Wirbel mit sehr gutem Offensiv-Fußball: Giovane Elber, Fredi Bobic und Krassimir Balakov erzielten in der Saison 1996/97 unter Trainer Joachim Löw 49 von insgesamt 78 Treffern des VfB. Im DFB-Pokalfinale von 1997 siegte der VfB mit 2 : 0 gegen Energie Cottbus. Torschütze bei beiden Treffern war Giovane Elber.
- Mit Spielern wie Mario Gómez, Sami Khedira und Serdar Taşçi aus dem eigenen Nachwuchs baute Trainer Armin Veh 2006 eine schlagkräftige Mannschaft auf. Die „jungen Wilden" gewannen 2007 die Deutsche Meisterschaft. Zwischen 2016 und 2020 sind die Schwaben zweimal ab- und direkt wieder in die erste Bundesliga aufgestiegen.

Gründungsdatum: 9. September 1893
Vereinsfarben: Weiß-Rot
Erfolge: 5 x Deutscher Meister, 3 x DFB-Pokalsieger

FC Schalke 04

- Die Fans des Bundesliga-Gründungsmitglieds gehen nicht „ins Stadion" oder „zu Schalke". In Gelsenkirchen besucht man die Spiele des Vereins im Stadtteil Schalke „auf Schalke".
- Höhepunkte der Saison sind die Revierderbys gegen den Erzrivalen im Ruhrpott – den BVB.
- Die „Knappen", wie die Schalker auch genannt werden, machten Papst Johannes Paul II. 1987 zum Ehrenmitglied, nachdem er eine Messe in ihrem Parkstadion gehalten hatte.

Gründungsdatum: 4. Mai 1904
Vereinsfarben: Blau-Weiß
Erfolge: 7 x Deutscher Meister, 5 x DFB-Pokalsieger, 1 x Europapokalsieger

Borussia Dortmund

- Der BVB hat mit „der Süd", wie die Dortmunder ihre Südtribüne nennen, europaweit die größte Stehplatztribüne: 24 454 Fans (das entspricht der Einwohnerzahl einer mittleren Kreisstadt) finden auf 100 Metern Breite, 52 Metern Tiefe und 40 Metern Höhe eindrucksvoll Platz.
- Der Verein war bei Gründung der Bundesliga dabei und ist mittlerweile zusammen mit dem FC Bayern München in Deutschland das Maß aller Fußballdinge. Während die Bayern auf selbstbewusstes „Mia san mia" setzen, geht es bei der Borussia um „echte Liebe" – so das Motto der Dortmunder. Im packenden Saisonfinale 2022/2023 verpassten die Schwarzgelben nur knapp den 9. Meistertitel.

Gründungsdatum: 19. Dezember 1909
Vereinsfarben: Schwarz-Gelb
Erfolge: 8 x Deutscher Meister, 5 x DFB-Pokalsieger, 2 x Europapokalsieger (davon 1 x Champions League), 1 x Weltpokalsieger

Borussia Mönchengladbach

- Der Verein pflegt eine ewige Rivalität mit dem 1. FC Köln. Hennes Weisweiler, nach dem das Kölner Maskottchen benannt wurde (→ S. 76), war in beiden Klubs als Trainer tätig.
- Bekannte ehemalige Spieler der „Fohlenelf" sind u. a. Günter Netzer, Jupp Heynckes, Lothar Matthäus und Berti Vogts.

Gründungsdatum: 1. August 1900
Vereinsfarben: Grün-Schwarz-Weiß
Erfolge: 5 x Deutscher Meister, 3 x DFB-Pokalsieger, 2 x Europapokalsieger

1. FC Kaiserslautern

- Dem Bundesliga-Gründungsmitglied gelang in der Saison 1997/98 die einmalige Leistung, als Aufsteiger aus der 2. Bundesliga Deutscher Meister zu werden. Seit der Saison 2012/2013 spielt der 1. FCK nicht mehr erstklassig. Nach dem Abstieg 2018 in die 3. Liga gelang den Lauterern 2022 zumindest der Wiederaufstieg in die 2. Bundesliga.
- Das Stadion der Lauterer thront oberhalb der Stadt Kaiserslautern auf dem Betzenberg – die Fans pilgern auf ihren „Betze". Sie sind gefürchtet für ihre lautstarke Unterstützung der Mannschaft von den Rängen.
- Fritz Walter, der wohl berühmteste „rote Teufel", ist Ehrenspielführer der Nationalmannschaft.
- Prominenter FCK-Anhänger ist der ehemalige Präsident der USA Bill Clinton.

Gründungsdatum: 2. Juni 1900
Vereinsfarben: Rot-Weiß
Erfolge: 4 x Deutscher Meister, 2 x DFB-Pokalsieger

1. FC Köln

- Die Kölner sind Gründungsmitglied und sicherten sich den ersten Meistertitel der Bundesliga. 35 Jahre lang konnten sie sich ununterbrochen in der höchsten deutschen Spielklasse halten.
- Dann folgten zahlreiche Ab- und Aufstiege und die Fans wurden auf eine harte Probe gestellt. Sie hielten der Mannschaft aber weiterhin die Treue und feierten 2019 den erneuten Aufstieg in die 1. Bundesliga.
- Viele großartige Kicker haben beim 1. FC Köln gespielt – zum Beispiel Lukas Podolski, Toni Schumacher, Bernd Schuster, Pierre Littbarski, Thomas „Icke" Häßler und Toni Polster.

Gründungsdatum: 13. Februar 1948
Vereinsfarben: Rot-Weiß
Erfolge: 3 x Deutscher Meister, 4 x DFB-Pokalsieger

Der Kölner Hans Schäfer mit der Meisterschale (Saison 1963/64).

Bayer 04 Leverkusen

- Der Verein war ursprünglich eine Betriebssport-Mannschaft der Firma „Farbenfabriken vormals Friedrich Bayer & Co.".
- Im Zeitraum 1997 bis 2011 wurden die Leverkusener 5 x Vizemeister und 2 x Zweiter im DFB-Pokal. In der Saison 2001/2002 landeten sie sowohl in der Bundesliga als auch im DFB-Pokal und in der Champions League auf Platz zwei, was ihnen den Spitznamen „Vizekusen" einbrachte. 2010 ließen sie sich die Bezeichnung als Marke beim Patentamt schützen.

Gründungsdatum: 1. Juli 1904
Vereinsfarben: Rot-Weiß-Schwarz
Erfolge: 1 x DFB-Pokalsieger, 1 x Europapokalsieger

Eintracht Frankfurt

- Das Gründungsmitglied der Bundesliga gilt als einer der großen Traditionsvereine im deutschen Fußball.
- Die „launische Diva vom Main" hatte ihre beste Zeit Anfang bis Mitte der 1990er-Jahre. Seitdem durchleben die Fans immer wieder ein Auf und Ab der Gefühle.
- Nach dem Aufstieg unter Trainer Armin Veh in der Saison 2011/12 kickte die Mannschaft in der darauffolgenden Spielzeit so erfolgreich, dass sie sich mit dem 6. Bundesliga-Tabellenplatz erstmals seit 2006 wieder für einen europäischen Wettbewerb qualifizierte (Playoffs der Europa League).

Gründungsdatum: 8. März 1899
Vereinsfarben: Rot-Schwarz-Weiß
Erfolge: 1 x Deutscher Meister, 5 x DFB-Pokalsieger, 2 x Europapokalsieger

1. FC Nürnberg

- Nach dem FC Bayern München haben die Nürnberger die meisten Titel – seit einigen Jahren ist das Bundesliga-Gründungsmitglied jedoch nicht mehr so erfolgreich.
- Die „Glubberer" gelten wegen häufiger Auf- und Abstiege als „Fahrstuhlmannschaft".

Gründungsdatum: 4. Mai 1900
Vereinsfarben: Rot-Weiß
Erfolge: 9 x Deutscher Meister, 4 x DFB-Pokalsieger

Leverkusener „Prominenz“: Ulf Kirsten, Michael Ballack, Oliver Neuville und Carsten Ramelow (2001).

SC Freiburg

- Der SC Freiburg hat ca. 50 000 Mitglieder und zeichnet sich besonders durch seine Jugendarbeit und die Einbindung des eigenen Nachwuchses in die Profimannschaft aus.
- Von 1991 bis 2007 trainierte Volker Finke das Team – 16 Jahre auf der Trainerbank, das ist Rekord in der Bundesliga. Die „Ära Finke“ war die bis dahin erfolgreichste Phase des Klubs, der sich mit einem vergleichsweise kleinen Budget mittlerweile in der Bundesliga etabliert hat.
- Der jetzige Trainer Christian Streich (seit 1995 als Jugendtrainer bei Freiburg) coacht seit 2012 die Freiburger Profis und ist damit aktuell der dienstälteste Bundesligatrainer. Das Aushängeschild der Badener wurde u. a. 2013 mit dem DFB-Trainerpreis für eine herausragende Saison geehrt und 2022 vom Verband Deutscher Sportjournalisten zum Fußballtrainer des Jahres gekürt.

Gründungsdatum: 30. Mai 1904
Vereinsfarben: Rot-Weiß
Erfolge: Qualifikation für die Europa League 2013/14 und 2017/18

RB Leipzig

- Die Leipziger sind das Küken unter den traditionsreichen Bundesligaklubs. Der Verein wurde 2009 auf Initiative der Red Bull GmbH gegründet – ein bisher in der Bundesliga unbekanntes Vorgehen.
- Bereits 2016 gelang RB Leipzig der Aufstieg in die 1. Bundesliga. Seitdem spielen die Bullen um die vordersten Plätze mit. Der Meistertitel blieb ihnen bisher jedoch verwehrt.

Gründungsdatum: 19. Mai 2009
Vereinsfarben: Rot-Weiß
Erfolge: 2 x DFB-Pokalsieger

Hannover 96

- Die Spieler wurden seit den frühen 1930er-Jahren als „Rothemden“ bezeichnet und werden heute „die Roten“ genannt, obwohl Rot – wie beim Hamburger SV – in den Vereinsfarben nicht vorkommt. Aber das Heimtrikot ist rot.
- 1992 holten sich die 96-er als erster und bisher einziger Zweitligist den DFB-Pokal. Sie gewannen im Finale gegen den haushohen Favoriten Borussia Mönchengladbach mit 4 : 3 nach Elfmeterschießen.

Gründungsdatum: 12. April 1896
Vereinsfarben: Schwarz-Weiß-Grün
Erfolge: 2 x Deutscher Meister, 1 x DFB-Pokalsieger

VfL Wolfsburg

- Der Verein beschäftigte im Meisterjahr 2009 Felix Magath als Trainer, Manager und Geschäftsführer in einer Person. Besonders wichtig für den damaligen Erfolg waren die beiden Stürmer Grafite und Džeko: Zusammen erzielten sie 54 von 80 in dieser Saison geschossenen Tore der „Wölfe“.
- Die Hosen für die allererste Begegnung der Wolfsburger Spieler wurden von deren Frauen aus Bettlaken genäht.

Gründungsdatum: 12. September 1945
Vereinsfarben: Grün-Weiß
Erfolge: 1 x Deutscher Meister, 1 x DFB-Pokalsieger

FC St. Pauli

- Der Verein hat treue und politisch engagierte Fans, die sich gegen rassistisches und frauenfeindliches Verhalten einsetzen.
- Die St. Paulianer schafften es 2003, unter dem damaligen Präsidenten Corny Littmann, mehr als 1,95 Millionen Euro für die Lizenz und den Verbleib in der Regionalliga aufzutreiben – in nur drei Monaten! Allein der Verkauf von T-Shirts mit dem Aufdruck „Retter“ brachte dem Kultverein ca. 900 000 Euro ein, ein Benefizspiel gegen den FC Bayern München, der auf eine Gage verzichtete, 270 000 Euro. Die Fans kauften 11 700 Dauerkarten für die kommende Saison in der Regionalliga – davon träumt mancher Konkurrent!

Gründungsdatum: 15. Mai 1910
Vereinsfarben: Braun-Weiß
Erfolge: 1 x „Weltpokalsiegerbesieger“ (→ S. 96)

Meisterschaft und DFB-Pokal

Am Ende der Bundesligasaison gewinnt der Verein an der Tabellenspitze die Meisterschaft – und damit den wichtigsten Titel im deutschen Fußball. Manchmal steht der Meister schon einige Spieltage vor Saisonende fest, manchmal bleibt es spannend bis zur letzten Sekunde. Wer in derselben Saison auch den DFB-Pokal holt, darf sich Double-Gewinner nennen. Doch der Pokal hat – laut einer gern verwendeten Floskel – „seine ganz eigenen Gesetze". Denn hier treffen Amateurvereine auf Bundesligateams und sorgen hin und wieder für Überraschungen.

Die Tabelle, die ja nie lügt, täuscht ja oft.
Felix Magath

Deutsche Meister seit Einführung der Bundesliga

1964	1. FC Köln	1994	FC Bayern München
1965	SV Werder Bremen	1995	Borussia Dortmund
1966	TSV München 1860	1996	Borussia Dortmund
1967	Eintracht Braunschweig	1997	FC Bayern München
1968	1. FC Nürnberg	1998	1. FC Kaiserslautern
1969	FC Bayern München	1999	FC Bayern München
1970	Borussia Mönchengladbach	2000	FC Bayern München
1971	Borussia Mönchengladbach	2001	FC Bayern München
1972	FC Bayern München	2002	Borussia Dortmund
1973	FC Bayern München	2003	FC Bayern München
1974	FC Bayern München	2004	SV Werder Bremen
1975	Borussia Mönchengladbach	2005	FC Bayern München
1976	Borussia Mönchengladbach	2006	FC Bayern München
1977	Borussia Mönchengladbach	2007	VfB Stuttgart
1978	1. FC Köln	2008	FC Bayern München
1979	Hamburger SV	2009	VfL Wolfsburg
1980	FC Bayern München	2010	FC Bayern München
1981	FC Bayern München	2011	Borussia Dortmund
1982	Hamburger SV	2012	Borussia Dortmund
1983	Hamburger SV	2013	FC Bayern München
1984	VfB Stuttgart	2014	FC Bayern München
1985	FC Bayern München	2015	FC Bayern München
1986	FC Bayern München	2016	FC Bayern München
1987	FC Bayern München	2017	FC Bayern München
1988	SV Werder Bremen	2018	FC Bayern München
1989	FC Bayern München	2019	FC Bayern München
1990	FC Bayern München	2020	FC Bayern München
1991	1. FC Kaiserslautern	2021	FC Bayern München
1992	VfB Stuttgart	2022	FC Bayern München
1993	SV Werder Bremen	2023	FC Bayern München

Die Bundesligatabelle

18 Teams spielen in einer Bundesligasaison jeweils zweimal gegeneinander, in einem Heim- und einem Auswärtsspiel. Für einen Sieg erhält eine Mannschaft drei Punkte, für ein Unentschieden einen und für eine Niederlage null Punkte. Nach jeder Begegnung werden die gesammelten Punkte addiert und geben den aktuellen Platz des Teams in der Tabelle an. Wer am Ende der Saison die meisten Punkte hat und damit in der Tabelle ganz oben steht, gewinnt die Deutsche Meisterschaft. Bei Punktegleichstand entscheidet die bessere Tordifferenz (erzielte Tore minus Gegentreffer), wenn die auch gleich ist, die Anzahl der erzielten Tore. Die beiden Schlusslichter der Tabelle steigen in die 2. Bundesliga ab. Im Gegenzug steigen die beiden Bestplatzierten aus der 2. Bundesliga auf. Die drittletzte Mannschaft der Bundesliga trägt gegen die drittbeste der 2. Liga sogenannte Relegationsspiele aus. In Hin- und Rückspiel wird ein Sieger ermittelt, der in der nächsten Saison in der Bundesliga spielen darf. Dabei gilt die Auswärtstorregel (→ S. 24).

Double-Gewinner

Nur wenige Klubs haben bisher in einer Saison die Deutsche Meisterschaft plus den DFB-Pokal – und damit das Double – gewonnen:

FC Bayern München	2020, 2019, 2016, 2014, 2013 (Triple), 2010, 2008, 2006, 2005, 2003, 2000, 1986, 1969
Borussia Dortmund	2012
Werder Bremen	2004
1. FC Köln	1978
FC Schalke 04	1937

Ich glaube, dass der Tabellenerste jederzeit den Spitzenreiter schlagen kann.
Berti Vogts

Als erstes deutsches Männerteam holte der FC Bayern München 2013 das Triple aus Deutscher Meisterschaft, DFB-Pokal und Champions-League-Sieg!

DFB-Pokal – der Wettbewerb

64 Mannschaften kämpfen um den DFB-Pokal: Dazu gehören alle Teams der Bundesliga und der 2. Bundesliga aus dem abgelaufenen Spieljahr, die Verbandspokalsieger der 21 deutschen Landesverbände und die ersten vier der dritten Liga. Hinzu kommen weitere Mannschaften aus den Landesverbänden mit den meisten Herren-Teams. Jeder Verein darf jedoch nur eine Mannschaft ins Rennen schicken. Die Begegnungen werden ausgelost und zwar so, dass in der ersten Runde auf jeden Amateurverein ein Team der ersten oder zweiten Bundesliga trifft. Die Amateure haben Heimrecht. Alle Begegnungen werden in nur einem Spiel im K.-o.-System ausgetragen – wer verliert, ist draußen. Das Endspiel findet jedes Jahr im Berliner Olympiastadion statt.

Berlin!
Berlin!
Wir fahren nach
Berlin!

Fangesang

DFB-Pokal-Sensationen

Selbst Rekordmeister FC Bayern München ist im DFB-Pokal nicht vor Überraschungen sicher. Die Münchner verloren schon mehrfach gegen Teams aus niedrigeren Spielklassen: Bereits in der ersten Runde wurden sie 1990 vom FV 09 Weinheim mit 0 : 1 und 1994 vom TSV Vestenbergsgreuth mit gleichem Ergebnis besiegt. Mit 5 : 3 nach Elfmeterschießen hatte der 1. FC Magdeburg 2000 in der zweiten Pokalrunde die Nase vorn.
Auch andere Bundesligisten mussten unerwartete Niederlagen einstecken – ein Team sogar durch einen Klub aus der 5. Liga: 2001 kickte der SSV Ulm 1846 den 1. FC Nürnberg in der ersten Runde mit 2 : 1 aus dem Wettbewerb.

Salatschüssel und Pott

Die Meisterschale – wegen ihrer Form auch „Salatschüssel" genannt – und der DFB-Pokal sind Wandertrophäen, sie werden jeweils an den aktuellen Titelgewinner weitergegeben. Alle Deutschen Meister seit 1903 sind auf der Schale mit ihrem eingravierten Vereinsnamen verewigt. Die Namen der DFB-Pokalsieger stehen auf dem Sockel des „Potts". Die jetzige Sockelfläche reicht laut Angaben des DFB mindestens bis zum Jahr 2030.

DFB-Pokalsieger

1964	TSV 1860 München	1984	FC Bayern München	2004	SV Werder Bremen
1965	Borussia Dortmund	1985	Bayer 05 Uerdingen	2005	FC Bayern München
1966	FC Bayern München	1986	FC Bayern München	2006	FC Bayern München
1967	FC Bayern München	1987	Hamburger SV	2007	1. FC Nürnberg
1968	1. FC Köln	1988	Eintracht Frankfurt	2008	FC Bayern München
1969	FC Bayern München	1989	Borussia Dortmund	2009	SV Werder Bremen
1970	Kickers Offenbach	1990	1. FC Kaiserslautern	2010	FC Bayern München
1971	FC Bayern München	1991	SV Werder Bremen	2011	FC Schalke 04
1972	FC Schalke 04	1992	Hannover 96	2012	Borussia Dortmund
1973	Borussia Mönchengladbach	1993	Bayer 04 Leverkusen	2013	FC Bayern München
1974	Eintracht Frankfurt	1994	SV Werder Bremen	2014	FC Bayern München
1975	Eintracht Frankfurt	1995	Borussia Mönchengladbach	2015	VfL Wolfsburg
1976	Hamburger SV	1996	1. FC Kaiserslautern	2016	FC Bayern München
1977	1. FC Köln	1997	VfB Stuttgart	2017	Borussia Dortmund
1978	1. FC Köln	1998	FC Bayern München	2018	Eintracht Frankfurt
1979	Fortuna Düsseldorf	1999	SV Werder Bremen	2019	FC Bayern München
1980	Fortuna Düsseldorf	2000	FC Bayern München	2020	FC Bayern München
1981	Eintracht Frankfurt	2001	FC Schalke	2021	Borussia Dortmund
1982	FC Bayern München	2002	FC Schalke	2022	RB Leipzig
1983	1. FC Köln	2003	FC Bayern München	2023	RB Leipzig

Mal verliert man und mal gewinnen die anderen.
Otto Rehhagel

1994 sorgten die Spieler des TSV Vestenbergsgreuth für eine Sensation: Sie schlugen die Bayern mit 1 : 0.

Manager verbeult den Pokal

2002 verteidigte der FC Schalke 04 den DFB-Pokal und feierte den Sieg. Bei der Triumphfahrt durch Gelsenkirchen zeigte Manager Rudi Assauer den Fans den Pokal – und ließ ihn vom Festwagen fallen. Verbogen wurde er ihm zurück auf den Wagen gereicht. Nachdem der schiefe Pott eine Zeit lang im Vereinsmuseum besichtigt werden konnte, wurde er für ca. 32 000 Euro repariert.

Fußball-Bundesliga in Österreich

In Österreich heißt die höchste Spielklasse „ADMIRAL-Bundesliga". Bereits in der Saison 1911/12 wurde – damals noch unter dem Titel „Erste Klasse eine Fußballmeisterschaft" – der Meistertitel ausgetragen. Seitdem wurde der Spielmodus der Liga mehrfach geändert und angepasst.

Top-Vereine in Österreich

Der FC Red Bull Salzburg gewann seit 2007 14-mal die österreichische Meisterschaft und ist damit ein scheinbar übermächtiger Gegner für die Wiener Traditionsvereine Rapid und Austria. Insgesamt liegt der SK Rapid Wien mit bisher 32 Meistertiteln vor dem FK Austria Wien (24 Meisterschaften) und dem FC Red Bull Salzburg mit 17 Meisterschaften, gefolgt von Innsbruck mit zehn Titeln. Die letzten 10 Meisterschaften holte sich der FC Red Bull Salzburg in Folge! Beim nationalen Pokal, dem ÖFB-Cup, hat Austria Wien mit 27 Siegen die Nase vorn, Rapid Wien kann 14 Erfolge aufweisen und der FC Red Bull Salzburg neun. Seit 2012 konnten die Salzburger sogar 9-mal das Double feiern!

Thorsten Schick (links) und Patson Daka (rechts) ringen im Juli 2019 im Match zwischen SK Rapid Wien und Red Bull Salzburg um den Ball.

Österreichische Meister seit 2011

2023	FC Red Bull Salzburg
2022	FC Red Bull Salzburg
2021	FC Red Bull Salzburg
2020	FC Red Bull Salzburg
2019	FC Red Bull Salzburg
2018	FC Red Bull Salzburg
2017	FC Red Bull Salzburg
2016	FC Red Bull Salzburg
2015	FC Red Bull Salzburg
2014	FC Red Bull Salzburg
2013	FK Austria Wien
2012	FC Red Bull Salzburg
2011	SK Sturm Graz

Spitzenspieler aus Österreich

Österreichische Fußballer sind über die Landesgrenzen hinaus erfolgreich. In der deutschen Bundesliga machten sich zum Beispiel Toni Polster (1. FC Köln, Borussia Mönchengladbach) und Andi Herzog (Werder Bremen, FC Bayern München) einen Namen. Aktuell spielen unter anderem Christopher Trimmel (1. FC Union Berlin), Konrad Laimer (FC Bayern München) und Michael Gregoritsch (SC Freiburg) in der Bundesliga.

Spielmodus

Seit der Saison 2018/19 spielen 12 Mannschaften um den Meistertitel. Nach 22 Spieltagen, in denen Hin- und Rückspiele der Teams ausgetragen werden, geht es in die Finalrunde. Die Punkte jeder Mannschaft werden halbiert und die Meisterschaft in zwei Gruppen weitergeführt. Die besten 6 Klubs spielen um den Meistertitel und die internationalen Startplätze. Die anderen 6 Teams spielen um Platz 7, der die Möglichkeit bietet, über Play-offs gegen die Plätze 4 und 5 der „Meistergruppe" sich doch noch einen der begehrten UEFA-Startplätze zu erspielen. Der Letztplatzierte dieser Gruppe steigt ab.

ÖFB-Cup-Sieger seit 2011

2023	SK Sturm Graz
2022	FC Red Bull Salzburg
2021	FC Red Bull Salzburg
2020	FC Red Bull Salzburg
2019	FC Red Bull Salzburg
2018	SK Sturm Graz
2017	FC Red Bull Salzburg
2016	FC Red Bull Salzburg
2015	FC Red Bull Salzburg
2014	FC Red Bull Salzburg
2013	FC Pasching
2012	FC Red Bull Salzburg
2011	SV Ried

2023 feierten die Bullen aus Salzburg ihren zehnten Meistertitel in Folge.

Super League in der Schweiz

Die Credit Suisse Super League ist die höchste Spielklasse im schweizerischen Fußball.

Rekordmeister der Schweiz

Die Geschichte des Rekordmeisters Grasshopper Club Zürich reicht zurück bis ins Jahr 1886. Damals setzte sich der Engländer Tom E. Griffith, der zur Ausbildung in Zürich war, für die Vereinsgründung ein. In den letzten zwei Jahrzehnten dominieren jedoch zwei andere Klubs die Liga: Der FC Basel gewann zwischen 2002 und 2017 zwölf Meistertitel, acht davon in Folge (2010 bis 2017). Eine ähnliche Erfolgsserie scheint der BSC Young Boys anzustreben. Seit 2018 konnte der Verein fünf der sechs Meisterschaften für sich entscheiden. Und auch im nationalen Pokalwettbewerb läuft es für die Berner gut: 2023 holte sich der BCS Young Boys das zweite Mal nach 2020 das Double und kann aktuell acht Cup-Gewinne vorweisen. Im Langzeitvergleich führen aber nach wie vor die Grasshoppers mit 19 Cup-Siegen die Liste vor den punktgleichen Zweitplatzierten FC Basel und FC Sion (je 13 Siege) an.

Schweizer Titelsammler 1899–2023

Grasshopper Club Zürich	27 x Meister
FC Basel	20 x Meister
Servette Genf	17 x Meister
BSC Young Boys	16 x Meister
FC Zürich	13 x Meister

Schweizerische Meister seit 2011

2023	BSC Young Boys
2022	FC Zürich
2021	BSC Young Boys
2020	BSC Young Boys
2019	BSC Young Boys
2018	BSC Young Boys
2017	FC Basel
2016	FC Basel
2015	FC Basel
2014	FC Basel
2013	FC Basel
2012	FC Basel
2011	FC Basel

Spielmodus

Bis 2022 wurde die Super League im Ligasystem mit 10 Mannschaften in einer Doppelrunde ausgetragen. Jeder der zehn Vereine traf viermal auf jeden Gegner und absolvierte somit 36 Spiele pro Saison.
Am 20. Mai 2022 beschloss die Swiss Football League, die Anzahl der Mannschaften ab der Saison 2023/24 auf 12 aufzustocken und nach dem Vorbild der schottischen Liga auszutragen. Somit spielen die 12 Klubs in einer ersten Phase dreimal gegeneinander. In der zweiten Phase wird die Tabelle in der Mitte geteilt. Die Mannschaften der Ränge 1 bis 6 spielen in der Championship Group in fünf Partien um die Meisterschaft und die internationalen Plätze. Die Klubs auf den Rängen 7 bis 12 kämpfen in der Relegation Group gegen den Abstieg.
Nach insgesamt 38 Runden stehen der Meister, die qualifizierten Klubs für die europäischen Wettbewerbe, der direkte Absteiger (Platz 12) sowie der Teilnehmer der Relegation (Platz 11) fest.

Schweizer Cup-Sieger seit 2011

2023	BSC Young Boys
2022	FC Lugano
2021	FC Luzern
2020	BSC Young Boys
2019	FC Basel
2018	FC Zürich
2017	FC Basel
2016	FC Zürich
2015	FC Sion
2014	FC Zürich
2013	Grasshopper Club Zürich
2012	FC Basel
2011	FC Sion

Kleines Land mit großen Stars

Bereits von 2012 bis 2016 spielte der Schweizer Granit Xhaka in der Bundesliga – damals für Borussia Mönchengladbach. Nach seiner Verpflichtung beim FC Arsenal kehrte er zur Saison 2023/2024 wieder nach Deutschland zurück und spielt aktuell für Bayer 04 Leverkusen. Xhaka ist zweifacher Schweizer Fußballer des Jahres (2017 und 2022). Einer der erfolgreichsten Schweizer Trainerexporte ist Urs Fischer. Nach seiner erfolgreichen Zeit beim FC Basel (2015–2017) übernahm er zur Saison 2018/2019 den Zweitligisten 1. FC Union Berlin, mit dem er ein Jahr später in die erste Bundesliga aufstieg. Seitdem entwickelten sich die Berliner zu einer festen Liga-Größe und schafften in der Saison 2022/23 durch den 4. Platz erstmalig die Qualifikation für die Champions League.

2018 bis 2021 gewannen die Spieler des BSC Young Boys aus Bern die Schweizer Meisterschaft viermal in Folge und lösten so den Dauerchampion FC Basel ab.

Die Frauen-Bundesliga

1990 startete die Frauen-Bundesliga in Deutschland zunächst in zwei Gruppen: Nord und Süd ermittelten die besten Teams und schließlich die Gesamtsiegerinnen. Seit 1997 wird die Meisterschaft eingleisig (→ S. 154) ausgespielt: Zwölf Teams treten jeweils in Hin- und Rückspiel gegeneinander an. Die Erfolge der deutschen Frauen-Nationalmannschaft kamen auch der Frauen-Bundesliga zugute – das Interesse an den Spielen wuchs. Die Gehälter der Fußballerinnen liegen jedoch nach wie vor deutlich unter denen ihrer männlichen Kollegen.

Die Meisterinnen des FC Bayern München 2023

Meisterinnen und DFB-Pokalsiegerinnen

	Deutsche Meisterschaft	DFB-Pokal-Sieg
2023	FC Bayern München	VfL Wolfsburg
2022	VfL Wolfsburg	VfL Wolfsburg
2021	FC Bayern München	VfL Wolfsburg
2020	VfL Wolfsburg	VfL Wolfsburg
2019	VfL Wolfsburg	VfL Wolfsburg
2018	VfL Wolfsburg	VfL Wolfsburg
2017	VfL Wolfsburg	VfL Wolfsburg
2016	FC Bayern München	VfL Wolfsburg
2015	FC Bayern München	VfL Wolfsburg
2014	VfL Wolfsburg	1. FFC Frankfurt
2013	VfL Wolfsburg	VfL Wolfsburg
2012	1. FFC Turbine Potsdam	FC Bayern München
2011	1. FFC Turbine Potsdam	1. FFC Frankfurt
2010	1. FFC Turbine Potsdam	FCR 2001 Duisburg
2009	1. FFC Turbine Potsdam	FCR 2001 Duisburg
2008	1. FFC Frankfurt	1. FFC Frankfurt
2007	1. FFC Frankfurt	1. FFC Frankfurt
2006	1. FFC Turbine Potsdam	1. FFC Turbine Potsdam
2005	1. FFC Frankfurt	1. FFC Turbine Potsdam
2004	1. FFC Turbine Potsdam	1. FFC Turbine Potsdam

Die besten Klubs

Die Frauen des VfL Wolfsburg sind Rekordsiegerinnen: Seit Einführung der eingleisigen Bundesliga gewannen sie sieben Meisterschaften und zehnmal den DFB-Pokal. Dicht auf den Fersen sind dem Verein die vorherigen Rekordmeisterinnen des FFC Frankfurt (sieben Meistertitel und neun DFB-Pokalsiege), die zuletzt 2008 die Meisterschale gewannen.
Aktuell zählen auch der FC Bayern München und die TSG Hoffenheim zu den erfolgreichsten Teams der Bundesliga.
Der einstige Top-Klub und Traditionsverein 1. FFC Turbine Potsdam stieg 2023 nach 26 Jahren in die zweite Bundesliga ab.

Torschützenköniginnen seit 05/06

22/23	Alexandra Popp (VfL Wolfsburg)	16
21/22	Lea Schüller (FC Bayern München)	16
20/21	Nicole Billa (TSG 1899 Hoffenheim)	23
19/20	Pernille Harder (VfL Wolfsburg)	27
18/19	Ewa Pajor (VfL Wolfsburg)	24
17/18	Pernille Harder (VfL Wolfsburg)	17
16/17	Mandy Islacker (1. FFC Frankfurt)	19
15/16	Mandy Islacker (1. FFC Frankfurt)	17
14/15	Célia Šašić (1. FFC Frankfurt)	21
13/14	Célia Šašić (1. FFC Frankfurt)	20
12/13	Yuki (Nagasato) (1. FFC Turbine Potsdam)	18
11/12	Genoveva Anonma (1. FFC Turbine Potsdam)	22
10/11	Conny Pohlers (1. FFC Frankfurt)	25
09/10	Inka Grings (FCR 2001 Duisburg)	28
08/09	Inka Grings (FCR 2001 Duisburg)	29
07/08	Inka Grings (FCR 2001 Duisburg)	26
06/07	Birgit Prinz (1. FFC Frankfurt)	28
05/06	Conny Pohlers (1. FFC Turbine Potsdam)	36

Die Wolfsburgerinnen gewannen 2017, 2018, 2019, 2020 und 2022 das Double aus Meisterschaft und Pokalsieg, 2013 gelang ihnen sogar das Triple aus Meisterschaft, DFB-Pokal und Women's Champions League. Doch sie waren damit nicht die Ersten: Der 1. FFC Frankfurt holte das Triple bereits 2002 und 2008.

Alexandra Popp

Position: Angriff
Geboren am: 6. April 1991 in Witten, (Deutschland)
Größe: 1,74 m
Vereine:
2007-2008 1. FFC Recklinghausen
2008-2012 FCR 2001 Duisburg
Seit 2012 VfL Wolfsburg
Nationalmannschaft: Deutschland
Erfolge (Auswahl):
2022 Vize-Europameisterin;
2016 Olympiasiegerin;
2010 U20-Weltmeisterin;
2009, 2010, 2013, 2015, 2016, 2017, 2018, 2019, 2020, 2021, 2022 und 2023 DFB-Pokal-Siegerin;
2013, 2014, 2017, 2018, 2019, 2020 und 2022 Deutsche Meisterin

Bundesliga ist kein Mädchensport.
Klaus Augenthaler

Von wegen, Herr Augenthaler: 2022 waren
186 646
aktive Spielerinnen beim DFB gemeldet. Tendenz steigend.

Mit 16 Treffern wurde Alexandra Popp in der Saison 2022/2023 Torschützenkönigin.

Top-Vereine

Die Vereine der Frauen-Bundesliga verzeichnen einen stetigen Fan-Zuwachs. Bei Top-Spielen werden immer wieder neue Rekorde geknackt. So verfolgten beim Saison-Eröffnungsspiel am 16.09.2022 zwischen Eintracht Frankfurt und dem FC Bayern München 23200 Fans die Partie im Deutsche Bank Park. Diese Bestmarke hielt nicht lange: Im RheinEnergieSTADION waren 38365 Fans live dabei, als sich am 26.03.2023 der 1. FC Köln und Eintracht Frankfurt gegenüberstanden. Immer mehr Vereine mit Bundesligisten im Männerbereich gründeten in den vergangenen Jahren eine Frauenabteilung. Nach Borussia Dortmund 2021 und dem VfB Stuttgart 2022 zog zur Saison 2023/2024 auch Hertha BSC als einer der letzten nach.

Mannschaftsfoto des VfL Wolfsburg 2023

VfL Wolfsburg

- Die VfR Eintracht Wolfsburg zählte zu den 20 Gründungsmitgliedern der 1990 ins Leben gerufenen Frauen-Bundesliga. Die Erfolgsmannschaft wechselte 2003 geschlossen zum VfL Wolfsburg.
- Nach dem Abstieg 2005 spielte die Mannschaft in der Saison 2005/2006 in der 2. Bundesliga Nord. Der sofortige Wiederaufstieg glückte vor allem auch dank Martina Müller: Sie schoss 36 Saisontore.
- In der Saison 2012/13 holte der VfL Wolfsburg das Triple aus deutscher Meisterschaft, dem DFB-Pokal-Sieg (3:2-Sieg gegen 1. FFC Turbine Potsdam) sowie dem Gewinn der UEFA Women's Champions League (1:0 gegen Vorjahressieger Olympique Lyon).
- Bei der Fußball-WM 2023 standen zehn Wolfsburgerinnen im Kader von Trainerin Martina Voss-Tecklenburg.

Gründungsdatum der Frauenfußballabteilung: 1. Juli 2003
Vereinsfarben: Grün-Weiß
Erfolge: 7 x Deutsche Meisterinnen, 10 x DFB-Pokalsiegerinnen, 2 x UEFA Women's Champions League Siegerinnen

TSV Siegen

- In den Jahren 1987 bis 1996 feierte die Mannschaft mehrere Meisterschaften und Pokalsiege und wurde als „der FC Bayern München des Frauenfußballs" bekannt.
- Im Jahre 1987 gewann der TSV das Double aus Meisterschaft und Pokal.
- Die ehemalige Bundestrainerin Silvia Neid war elf Jahre lang eine der Top-Spielerinnen in Siegen.
- Auf Grund fehlender Finanzierungsmöglichkeiten wurde die Frauenabteilung 1997 durch den Nachbarverein Sportfreunde Siegen übernommen.

Gründungsdatum der Frauenabteilung: 18. Juli 1974
Vereinsfarben: Rot-Schwarz
Erfolge: 6 x Deutsche Meisterinnen, 5 x DFB-Pokalsiegerinnen

Eintracht Frankfurt (früher 1. FFC Frankfurt)

- Exakt 22 Jahre nach Gründung des 1. FFC Frankfurt fusionierte der Verein am 27. August 2020 mit Eintracht Frankfurt und wurde aufgelöst.
- Zahlreiche Spitzenspielerinnen wie Birgit Prinz, Nia Künzer und Simone Laudehr spielten für das Ausnahme-Team des ehemaligen 1. FFC.
- Am 28. Juni 2020 fand das letzte Spiel unter Flagge des 1. FFC Frankfurt statt. Seit der Saison 2020/2021 trägt das Team den Adler der Eintracht auf dem Trikot und will an die vergangenen Erfolge anknüpfen.

Gründungsdatum der Frauenabteilung: 2004 (Gründung 1. FFC Frankfurt 1998)
Vereinsfarben: Rot-Schwarz-Weiß
Erfolge: 7 x Deutsche Meisterinnen, 9 x DFB-Pokalsiegerinnen, 4 x UEFA Women's Champions League Siegerinnen

FC Bayern München

- Bereits drei Monate vor der Aufhebung des Verbots des DFB zum offiziellen Betrieb von Frauenfußballmannschaften gründete der Münchener Verein eine Frauenabteilung.
- Das Gründungsmitglied der Frauen-Bundesliga spielt seit 2000 ununterbrochen erstklassig und belegt seit der Saison 2014/2015 jeweils den ersten oder zweiten Rang.
- Die Frauen des FC Bayern trugen am 14. Oktober 2023 erstmalig eine Bundesliga-Partie in der Allianz Arena aus. Am 4. Spieltag trafen die aktuellen deutschen Meisterinnen auf Eintracht Frankfurt (Ergebnis 0:0)

Gründungsdatum: 7. Juni 1970
Vereinsfarben: Rot-Weiß
Erfolge: 5 x Deutsche Meisterinnen, 1 x DFB-Pokalsiegerinnen

1. FFC Turbine Potsdam

- Der 1. FFC Turbine gehört zu den erfolgreichsten Vereinen im deutschen und europäischen Frauenfußball und spielte ab 1994 fast 30 Jahre in der Bundesliga erstklassig.
- In den Jahren 2002 bis 2013 wurde der 1. FFC neun Mal als Brandenburgs Mannschaft des Jahres ausgezeichnet.
- In den vergangenen Jahren konnten die Potsdamerinnen nicht mehr an die früheren Glanzzeiten anknüpfen. Nach der Saison 2022/2023 stieg der Traditionsverein mit nur acht Punkten als Tabellenletzter aus der Frauen-Bundesliga ab.

Gründungsdatum: 1. April 1999
Vereinsfarben: Blau-Weiß
Erfolge: 6 x Deutsche Meisterinnen, 3 x DFB-Pokalsiegerinnen, 2 x UEFA Women's Champions League Siegerinnen, 6 x DDR-Meisterinnen

FC Bayern München-Star Giulia Gwinn

ÖFB Frauen-Bundesliga

Bereits seit 1936 rollt in Österreich der Ball im organisierten Frauenfußball. Nach mehreren Namens- und Modusänderungen wird die Meisterschaft der ADMIRAL Frauen-Bundesliga seit 2010 mit zehn Mannschaften ausgespielt.

Top-Vereine in Österreich

Die beiden bisher erfolgreichsten Klubs USC Landhaus Wien und SV Neulengbach führen die Erfolgsliste mit je 13 Meistertiteln an. Momentan dominieren jedoch andere Vereine. Die Frauen des SKN St. Pölten (zuvor FSK St. Pölten-Spratzern) sind seit Jahren das Maß aller Dinge im österreichischen Frauenfußball.
2023 feierten sie den 8. Meistertitel – und das in Folge! Der SK Sturm Graz, USC Landhaus Wien und USV Neulengbach spielen vorne mit, konnten die Erfolgsserie von St. Pölten seit 2015 aber nicht stoppen.

Jubelnde St.-Pölten-Spielerinnen in der Saison 2022/2023

Nicole Billa im Trikot der TSG Hoffenheim

Österreichische Meisterinnen seit 2012

2023	SKN St. Pölten
2022	SKN St. Pölten
2021	SKN St. Pölten
2020	Abbruch – keine Wertung
2019	SKN St. Pölten
2018	SKN St. Pölten
2017	SKN St. Pölten
2016	FSK St. Pölten-Spratzern
2015	FSK St. Pölten-Spratzern
2014	SV Neulengbach
2013	SV Neulengbach
2012	SV Neulengbach

Nicole Billa – eine Spitzenspielerin

Viele österreichische Fußballerinnen treten für Vereine der deutschen Frauen-Bundesliga an. Eine sticht dabei besonders hervor: Nicole Billa. Die österreichische Nationalspielerin spielt seit 2015 für die TSG Hoffenheim. In der Saison 2020/21 wurde die durchsetzungsstarke Stürmerin mit 23 Treffern Torschützenkönigin der Bundesliga und zur Fußballerin des Jahres in Deutschland gewählt. Während der EM 2022 war die Tirolerin Österreichs wichtigste Offensivkraft. Bisher schoss sie 58 Tore für die Nationalmannschaft.

Women's Super League

Die Women's Super League ist die höchste Spielklasse im Schweizer Frauenfussball und wird seit der Saison 2021/2022 von zehn Teams ausgetragen.

Rekordmeister der Schweiz

Der FC Zürich dominiert den Frauenfußball in der Schweiz. Die Mannschaft spielt seit Bestehen der obersten Liga ununterbrochen erstklassig und gewann bisher 24-mal die Meisterschaft und 15-mal den Schweizer Cup. Das Double ist hierbei die Regel, nicht die Ausnahme: 12-mal beendeten sie die Saison mit dem Gewinn beider Titel.

Schweizer Meisterinnen seit 2012

2023	FC Zürich Frauen
2022	FC Zürich Frauen
2021	Servette FC Chênois Féminin
2020	Abbruch – keine Wertung
2019	FC Zürich Frauen
2018	FC Zürich Frauen
2017	FC Neunkirch
2016	FC Zürich Frauen
2015	FC Zürich Frauen
2014	FC Zürich Frauen
2013	FC Zürich Frauen
2012	FC Zürich Frauen

Die Züricher Meisterinnen am 2. Juni 2023

Lina Magull (FC Bayern München)

Elisa Senß (Bayer 04 Leverkusen)

Lilla Turanyi (Bayer 04 Leverkusen)

Klara Bühl (FC Bayern München)

Carolin Simon (FC Bayern München)

Gia Corley (TSG Hoffenheim)

Emilie Henriksen (MSV Duisburg)

Amira Arfao (Bayer 04 Leverkusen)

Maja Sternad (SV Werder Bremen)

Sara Doorsoun (Eintracht Frankfurt)

Lena Oberdorf (VfL Wolfsburg)

Genessee Puntigam (1. FC Köln)

Ena Mahmutovic (MSV Duisburg) und Julia Hickelsberger (TSG Hoffenheim)

Andere europäische Ligen

Primera División

Seit 1929 wird in Spanien in der höchsten Spielklasse – der Primera División – um die Meisterschaft gekämpft. Und die Fans fiebern leidenschaftlich mit. Mit der Copa del Rey hat der spanische Fußball zudem einen traditionsreichen nationalen Pokalwettbewerb.

Aus Anerkennung für sein siegreiches, unterhaltsames Spiel bekam Rekordmeister Real Madrid die Spitznamen „das weiße Ballett" und „die Galaktischen" verliehen.

El Clásico

Zwei Klubs beherrschen den spanischen Fußball: Real Madrid und der FC Barcelona. Wenn die beiden Top-Teams aufeinandertreffen, gilt das als „El Clásico", der Klassiker. Die Vereine liefern sich regelmäßig starke Duelle. „Die Königlichen", wie Real Madrid auch genannt wird, und „Barça" sind von Anfang an dabei und noch nie abgestiegen. Außer den beiden schaffte das auch Liga-Gründungsmitglied Athletic Bilbao. Die meisten Meisterschaften hinter Real Madrid und Barcelona gewann bisher Reals Lokalrivale Atlético Madrid, zuletzt in den Jahren 2013 und 2021. 2013 triumphierte Atlético Madrid außerdem im Copa-del-Rey-Endspiel gegen Real und gewann den Pokal, den 2014 Real Madrid wieder holte und 2015 bis 2018 der FC Barcelona. 2019 beendete der FC Valencia diese Serie. Seitdem wechselte der Pokal jedes Jahr an eine andere Mannschaft und wurde 2023 zum bereits 20. Mal von Real Madrid gewonnen.

Europäische Spitze

Der erfolgreichste Klub Europas kommt aus Spanien: Im Vergleich mit den besten europäischen Teams konnte Real Madrid bisher die meisten Titel in der UEFA Champions League (inklusive Vorgängerwettbewerb Europapokal der Landesmeister) gewinnen. Der FC Barcelona spielt international ebenfalls ganz vorne mit (→ S. 94 ff.). Die meisten Siege im UEFA-Pokal bzw. in der UEFA Europa League errang der FC Sevilla (6 Titel), und auch Real Madrid, Atlético Madrid und der FC Valencia konnten diesen Wettbewerb schon für sich verbuchen.

Internationale Top-Stars

Stars aus der ganzen Welt kickten und kicken für die spanischen Spitzenvereine. Für Real Madrid treten zum Beispiel Karim Benzema, Toni Kroos und Federico Valverde gegen das Leder. Im Kader des FC Barcelona stehen Ter Stegen, Lewandowski oder Raphinha. Was den spanischen Fußball aber besonders auszeichnet, ist eine hervorragende Nachwuchsarbeit. So betreibt etwa Barcelona eine der weltweit führenden Nachwuchsakademien: La Masia. Die Talentscouts des Vereins haben Spieler wie Lionel Messi, Marc Bartra, Xavi oder Andrés Iniesta schon früh entdeckt und an dieser Akademie ausgebildet (→ S. 55).

Liga-Torschützenkönige

22/23	Robert Lewandowski (FC Barcelona)	23 Tore
21/22	Karim Benzema (Real Madrid)	27 Tore
20/21	Lionel Messi (FC Barcelona)	30 Tore
19/20	Lionel Messi (FC Barcelona)	25 Tore
18/19	Lionel Messi (FC Barcelona)	36 Tore
17/18	Lionel Messi (FC Barcelona)	34 Tore
16/17	Lionel Messi (FC Barcelona)	37 Tore
15/16	Luis Suárez (FC Barcelona)	40 Tore
14/15	Cristiano Ronaldo (Real Madrid)	48 Tore
13/14	Cristiano Ronaldo (Real Madrid)	31 Tore
12/13	Lionel Messi (FC Barcelona)	46 Tore
11/12	Lionel Messi (FC Barcelona)	50 Tore
10/11	Cristiano Ronaldo (Real Madrid)	40 Tore
09/10	Lionel Messi (FC Barcelona)	34 Tore

Land: Spanien
Offizieller Liga-Name: La Liga EA Sports FC
Anzahl der Teams: 20
Ab-/Aufsteiger: 3 pro Saison

Rekord-Titeljäger

Klub	Meisterschaften	Copa del Rey
Real Madrid	35	20
FC Barcelona	27	31
Atlético Madrid	11	10
Athletic Bilbao	8	23
FC Valencia	6	8
Real Sociedad	2	3
FC Sevilla	1	5
Betis Sevilla	1	3
Deportivo La Coruña	1	2

El Clásico: Wenn die erfolgreichsten spanischen Klubs aufeinandertreffen, schauen nicht nur die Spanier gebannt zu. Hier kämpfen Barcelonas Lionel Messi und Real Madrids Toni Kroos um den Ball.

Primera División Femenina

La Liga F, wie die höchste Spielklasse im spanischen Frauenfußball auch genannt wird, besteht seit 1988. Nach mehreren Namens- und Modusänderungen wird die Meisterschaft seit der Saison 2020/21 unter 16 Mannschaften ausgetragen. Ihr offizieller Markenname lautet finetwork Liga F.

Rekordmeisterinnen in Spanien

Der FC Barcelona ist der bisher erfolgreichste Verein im spanischen Frauenfußball. Mit acht Meisterschaften, neun Pokalsiegen und drei spanischen Supercup-Titeln ist das katalanische Team Rekordhalter in allen nationalen Wettbewerben. 2021/2022 beendete die Mannschaft die Saison mit einer perfekten Bilanz: 30 Spiele, 30 Siege. Auch im internationalen Feld mischen die Spielerinnen von Barça seit einigen Jahren oben mit. Mit ihren Gewinnen in der UEFA Women's Champions League 2021 und 2023 sind sie bisher Spaniens einzige Frauenmannschaft, die in der Königsklasse Titel sammeln konnte.

Spanische Meisterinnen seit 2012

2023	FC Barcelona
2022	FC Barcelona
2021	FC Barcelona
2020	FC Barcelona
2019	Atlético Madrid
2018	Atlético Madrid
2017	Atlético Madrid
2016	Athletic Bilbao
2015	FC Barcelona
2014	FC Barcelona
2013	FC Barcelona
2012	FC Barcelona

Großer Jubel beim Titelgewinn der vorzeitigen Meisterschaft am 13. März 2022

FA Women's Super League

Die Barclays FA Women's Super League, wie ihr offizieller Markenname lautet, ist die höchste Spielklasse im englischen Frauenfußball. In Spielbetrieb ging die Liga 2011. Aktuell tragen 12 Teams die jährliche Meisterschaft aus.

Die englischen Top-Teams

Der Chelsea FC Women dominierte in den vergangenen Jahren die Liga. Vier der bisher sechs gewonnenen Meisterschaften feierte das Team von 2020 bis 2023 in Serie. Dazu kommen zwei Pokaltitel (2020 und 2021) sowie der Super-Cup-Sieg 2020 gegen Manchester City WFC. Neben den Spielerinnen aus Chelsea konnten sich bisher die Frauen von Arsenal mit drei und Liverpool mit zwei gewonnenen Titeln in die Meisterriege eintragen.

Deutsche Top-Spielerin in England

Die ehemalige Nationalspielerin Melanie Leupolz wechselte zur Saison 2020/2021 zum englischen Rekordmeister Chelsea FC Women. Zuvor spielte sie beim Bundesligisten FC Bayern München, mit dem sie zweimal die deutsche Meisterschaft gewann. Bis 2023 stand Melanie Leupolz für die Deutsche Nationalmannschaft auf dem Platz, mit der sie 2013 Europameisterin und 2016 Olympiasiegerin wurde.

Englische Meisterinnen seit 2012

2023	Chelsea FC Women
2022	Chelsea FC Women
2021	Chelsea FC Women
2020	Chelsea FC Women
2019	Arsenal WFC
2018	Chelsea FC Women
2017	kein Titel verliehen
2016	Manchester City WFC
2015	Chelsea FC Women
2014	Liverpool FC Women
2013	Liverpool FC Women
2012	Arsenal WFC

Premier League

Die erste Fußballliga der Welt startete 1888 in England. 1992 spalteten sich 22 Spitzenklubs ab und gründeten die FA Premier League als höchste englische Spielklasse. Inzwischen wurde die Zahl der teilnehmenden Vereine auf 20 reduziert und die Premier League wird von begeisterten Fans rund um die Welt mit Spannung verfolgt. Ebenfalls aus England stammt der älteste nationale Pokalwettbewerb: Der FA Cup (→ S. 6) wird bereits seit 1871/72 ausgetragen.

The Big Four

„Die großen Vier" der englischen Vereine – Manchester United, FC Chelsea, FC Arsenal und FC Liverpool – teilten eine Zeit lang die ersten vier Tabellenplätze am Saisonende unter sich auf. Doch inzwischen ist die Vormachtstellung der Big Four gebrochen: Teams wie Manchester City, Leicester City und Tottenham spielen mit im Kampf um die Meisterschaft und um die Berechtigung zur Teilnahme an den internationalen europäischen Vereinswettbewerben. In der ewigen Premier-League-Tabelle stehen die Big Four aber noch allesamt oben.

Mit 2 : 1 gegen den FC Liverpool hatte der FC Chelsea im FA-Cup-Finale 2012 die Nase vorn.

Weltklassespieler

In der Premier League werden Spitzengehälter gezahlt, mit denen die finanzstarken Top-Vereine Starspieler aus der ganzen Welt anwerben. Zudem bauen die Klubs selbst Spieler mit Weltklasseniveau auf. Ausnahmetalent David Beckham kickte beispielsweise schon als Jugendlicher bei Manchester United, wo auch seine Profikarriere begann. Bei seinem Wechsel 2003 zu Real Madrid für eine Transfersumme von 35 Millionen Euro galt Beckham bei Medien und Fans bereits als Mega-Star: Seine Ankunft bei den Madrilenen wurde live in 63 Länder übertragen.

Top im europäischen Vergleich

Ende der 1960er- bis Mitte der 1980er-Jahre feierten englische Vereine viele Triumphe auf europäischer Ebene. Nach schweren Ausschreitungen durch englische Hooligans beim Finale im Europapokal der Landesmeister 1985 (→ S. 99) wurden die englischen Klubs für mehrere Jahre von der Teilnahme an europäischen Wettbewerben ausgeschlossen. Erst ab 1999 gelang es Manchester United, dem FC Liverpool und dem FC Chelsea, weitere Titel in der UEFA Champions League und im UEFA-Pokal bzw. der UEFA Europa League nach England zu holen. 2023 zog Manchester City nach und holte seinen ersten Titel in der Königsklasse.

Rekord-Titeljäger

Klub	Meisterschaften	FA Cup
Manchester United	20	12
FC Liverpool	19	8
FC Arsenal	13	14
FC Everton	9	5
Manchester City	9	7
Aston Villa	7	7
FC Chelsea	6	8
AFC Sunderland	6	2
Newcastle United	4	6
Sheffield Wednesday	4	3

Land: England
Offizieller Liga-Name: Premier League
Anzahl der Teams: 20
Ab-/Aufsteiger: 3 pro Saison

Liga-Torschützenkönige

22/23	Erling Haaland (Manchester City)	36 Tore
21/22	Heung-Min Son (Tottenham Hotspur) Mohamed Salah (FC Liverpool)	23 Tore
20/21	Harry Kane (Tottenham Hotspur)	23 Tore
19/20	Jamie Vardy (Leicester City)	23 Tore
18/19	Pierre-Emerick Aubameyang (FC Arsenal) Sadio Mané (FC Liverpool) Mohamed Salah (FC Liverpool)	22 Tore
17/18	Mohamed Salah (FC Liverpool)	32 Tore
16/17	Harry Kane (Tottenham Hotspur)	29 Tore
15/16	Harry Kane (Tottenham Hotspur)	25 Tore
14/15	Sergio Agüero (Manchester City)	26 Tore
13/14	Luis Suárez (FC Liverpool)	31 Tore
12/13	Robin van Persie (Manchester United)	26 Tore
11/12	Robin van Persie (FC Arsenal)	30 Tore

Division 1 Féminin

Die Division 1 Féminine startete den Spielbetrieb 1992 und ist die höchste Spielklasse im französischen Frauenfußball. 12 Teams tragen im Liga-Modus die Meisterschaft aus. Die meisten Spiele finden sonntags statt, vereinzelte Partien am Samstagabend.

Überflieger Olympique Lyon

16 gewonnene Meisterschaften in 17 Jahren! Kaum eine andere Mannschaft dominiert ihre Liga wie Olympique Lyon. Auch im französischen Pokalwettbewerb „Coupe de France féminine" mischt die Ausnahmemannschaft regelmäßig mit. Seit 2018 schafften die Spielerinnen aus Lyon jedes Jahr den Einzug ins Finale. Insgesamt gewannen die Französinnen seit 2012 zehn ihrer 14 Finalspiele. Darüber hinaus ist Lyon mit acht Champions-League-Titeln europäischer Rekordsieger.

Sara Däbritz jubelt seit 2022 bei Olympique Lyon.

Französiche Meisterinnen seit 2012

2023	Olympique Lyon
2022	Olympique Lyon
2021	Paris Saint-Germain
2020	Olympique Lyon
2019	Olympique Lyon
2018	Olympique Lyon
2017	Olympique Lyon
2016	Olympique Lyon
2015	Olympique Lyon
2014	Olympique Lyon
2013	Olympique Lyon
2012	Olympique Lyon

Mittelfeld, nicht Mittelklasse

Die deutsche Nationalspielerin Sara Däbritz spielt seit der Saison 2019/2020 in der französischen Liga. Zunächst bei Paris Saint-Germain, wo sie 2021 ihre erste französische Meisterschaft feiern konnte.
Im Juli 2022 wechselte sie zu Olympique Lyon und wurde gleich in ihrem ersten Jahr beim europäischen Ausnahmeklub erneut Meisterin.

Serie A Femminile

Fußball hat in Italien Tradition. Das beweist auch die Tatsache, dass die Serie A Femminile bereits 1968 gegründet wurde. Die höchste Spielklasse im italienischen Frauenfußball gehört somit zu den ältesten nationalen Spielklassen im europäischen Frauenfußball. Seit der Saison 2022/2023 trägt sie den Markennamen Serie A Femminile eBay.

Juventus Turin feierte 2023 den dritten Pokalsieg.

Newcomer dominiert die Liga

Die Frauenfußballabteilung von Juventus Turin besteht erst seit dem 1. Juli 2017. Die erste Frauenmannschaft konnte noch im selben Jahr in der Serie A Femminile starten und sorgt seitdem für Kopfzerbrechen bei den Gegnerinnen: Von 2018 bis 2022 holte Juve fünfmal hintereinander die italienische Meisterschaft. Die Serie riss erst 2023 ab, als der AS Rom die Turinerinnen mit acht Punkten Vorsprung auf den zweiten Platz verweisen konnte. Dafür ging der „Coppa Italia", wie der italienische Pokalwettbewerb heißt, 2023 im Finale gegen Rom zum dritten Mal nach Turin. Die europäische Krone im Champions-League-Wettbewerb konnten sich die Frauen von Juve bisher noch nicht aufsetzen.

Italienische Meisterinnen seit 2012

2023	AS Rom
2022	Juventus Turin
2021	Juventus Turin
2020	Juventus Turin
2019	Juventus Turin
2018	Juventus Turin
2017	AC Florenz
2016	ACF Brescia
2015	AGSM Verona
2014	ACF Brescia
2013	ASD Torres Calcio
2012	ASD Torres Calcio

Serie A

Die italienische Serie A zählt ebenfalls zu den europäischen Spitzenligen. Allerdings erschütterten mehrfach Wett- und Bestechungsskandale die Liga, und gewaltbereite Fans sorgten zusätzlich für sinkende Zuschauerzahlen in den Stadien. Seit 1898 werden in Italien Fußballmeister ermittelt, aber 1929/30 wurde die Meisterschaft erstmals in einer Liga ausgespielt. Zunächst gab es nur die höchste Spielklasse. Der nationale Pokalwettbewerb Italiens, die Coppa Italia, fand erstmals 1922 statt.

Scudetti und eine alte Dame

Um den „Scudetto" (so wird der italienische Meistertitel auch genannt) kämpfen Traditionsvereine wie Juventus Turin, SSC Neapel, AC Mailand, Inter Mailand, AS Rom, Lazio Rom, CFC Genua und andere Klubs mit langer Geschichte und begeisterten Anhängern. Die Titel von 2005 und 2006 wurden Juventus nachträglich aberkannt, nachdem herausgekommen war, dass der damalige Juve-Manager Luciano Moggi Spiele durch Absprachen mit Schiedsrichtern beeinflusst hatte. Juventus musste in die zweite Liga absteigen und Inter Mailand bekam den Titel von 2006 zugesprochen. Dennoch hält die „alte Dame" Juventus Turin mit 36 Serie-A-Meisterschaften und 14 Coppa-Italia-Siegen den Titelrekord.

Mailand oder Madrid, Hauptsache Italien!
Andreas Möller

2012 bis 2020 feierte die „alte Dame" Juventus Turin alljährlich die Meisterschaft.

Rekord-Titeljäger

Klub	Meisterschaften	Coppa Italia
Juventus Turin	36	14
Inter Mailand	19	9
AC Mailand	19	5
CFC Genua	9	1
FC Turin	7	5
FC Bologna	7	2
FC Pro Vercelli	7	–
AS Rom	3	9
SSC Neapel	3	6

Liga-Torschützenkönige

22/23	Victor Osimhen (SSC Neapel)	26 Tore
21/22	Ciro Immobile (Lazio Rom)	27 Tore
20/21	Cristiano Ronaldo (Juventus Turin)	29 Tore
19/20	Ciro Immobile (Lazio Rom)	36 Tore
18/19	Fabio Quagliarella (Sampdoria Genua)	26 Tore
17/18	Mauro Icardi (Inter Mailand) Ciro Immobile (Lazio Rom)	29 Tore
16/17	Edin Džeko (AS Rom)	29 Tore
15/16	Gonzalo Higuaín (SSC Neapel)	36 Tore
14/15	Mauro Icardi (Inter Mailand) Luca Toni (Hellas Verona)	22 Tore 22 Tore
13/14	Ciro Immobile (FC Turin)	22 Tore
12/13	Edinson Cavani (SSC Neapel)	29 Tore
11/12	Zlatan Ibrahimovic (AC Mailand)	28 Tore
10/11	Antonio Di Natale (Udinese Calcio)	28 Tore

Land: Italien
Offizieller Liga-Name: Lega Nazionale Professionisti Serie A
Anzahl der Teams: 20
Ab-/Aufsteiger: 3 pro Saison

Spitzenspieler

Die italienische Liga hat in der Vergangenheit schon viele großartige Spieler hervorgebracht – die Torwartlegenden Gianluigi „Gigi" Buffon und Dino Zoff gehören dazu, sowie Alessandro Del Piero und Francesco Totti. Wie auch die anderen großen Ligen zieht die Serie A zudem Stars aus der ganzen Welt an: Lothar Matthäus beispielsweise kickte für Inter Mailand, Diego Maradona für den SSC Neapel, Zlatan Ibrahimović verstärkte das Team von Juventus Turin, Inter und AC Mailand.

In Europa weit vorne

Schon seit Jahren sichern italienische Vereine sich einen Platz an der Spitze des europäischen Fußballs und konnten zahlreiche Titel gewinnen. Mit dem AC Mailand, Inter Mailand und Juventus Turin triumphierten drei Klubs mehrfach in der UEFA Champions League bzw. im Europapokal der Landesmeister. Auch in der UEFA Europa League und im Vorläuferwettbewerb UEFA-Pokal haben Inter und Juve Erfolge gefeiert, der SSC Neapel konnte einen Titel für sich verbuchen und der FC Parma zweimal die Trophäe entgegennehmen.

Auch der ehemalige deutsche Stürmer Miroslav Klose spielte in der italienischen Liga. 2012/13 erzielte er in der Serie A für Lazio Rom 15 Tore in 29 Spielen.

Spanien

Meister seit 2015	
2023	FC Barcelona
2022	Real Madrid
2021	Atlético Madrid
2020	Real Madrid
2019	FC Barcelona
2018	FC Barcelona
2017	Real Madrid
2016	FC Barcelona
2015	FC Barcelona

Meisterinnen seit 2015	
2023	FC Barcelona
2022	FC Barcelona
2021	FC Barcelona
2020	FC Barcelona
2019	Atlético Madrid
2018	Atlético Madrid
2017	Atlético Madrid
2016	Athletic Bilbao
2015	FC Barcelona

England

Meister seit 2015	
2023	Manchester City
2022	Manchester City
2021	Manchester City
2020	FC Liverpool
2019	Manchester City
2018	Manchester City
2017	FC Chelsea
2016	Leicester City
2015	FC Chelsea

Meisterinnen seit 2015	
2023	Chelsea FC Women
2022	Chelsea FC Women
2021	Chelsea FC Women
2020	Chelsea FC Women
2019	Arsenal WFC
2018	Chelsea FC Women
2017	kein Titel verliehen
2016	Manchester City WFC
2015	Chelsea FC Women

Italien

Meister seit 2015	
2023	SSC Neapel
2022	AC Mailand
2021	Inter Mailand
2020	Juventus Turin
2019	Juventus Turin
2018	Juventus Turin
2017	Juventus Turin
2016	Juventus Turin
2015	Juventus Turin

Meisterinnen seit 2015	
2023	AS Rom
2022	Juventus Turin
2021	Juventus Turin
2020	Juventus Turin
2019	Juventus Turin
2018	Juventus Turin
2017	AC Florenz
2016	ACF Brescia
2015	AGSM Verona

Frankreich

Meister seit 2015	
2023	Paris Saint-Germain
2022	Paris Saint-Germain
2021	OSC Lille
2020	Paris Saint-Germain
2019	Paris Saint-Germain
2018	Paris Saint-Germain
2017	AS Monaco
2016	Paris St. Germain
2015	Paris St. Germain

Meisterinnen seit 2015	
2023	Olympique Lyon
2022	Olympique Lyon
2021	Paris Saint-Germain
2020	Olympique Lyon
2019	Olympique Lyon
2018	Olympique Lyon
2017	Olympique Lyon
2016	Olympique Lyon
2015	Olympique Lyon

Internationale Vereinswettbewerbe

Die Champions League

Sie ist die „Königsklasse“ – und wohl jede europäische Spitzen-Vereinsmannschaft träumt vom Sieg in der Champions League. Hoch motivierte Weltklassespieler stehen sich auf dem Platz gegenüber, denn der Gewinn dieses Wettbewerbs hat für jeden von ihnen einen enormen Stellenwert. Millionen Zuschauer verfolgen die Spiele vor den Fernsehschirmen und Tausende Fans begleiten ihre Teams quer über den Kontinent.

Die Anfänge

Welche Vereinsmannschaft ist die beste Europas? Das wollte der französische Sportjournalist Gabriel Hanot von der Zeitung L'Équipe bereits 1954 durch einen Wettbewerb herausfinden. Die Idee für den Europapokal der Landesmeister war geboren. Erstmals ausgetragen 1955/56, wurde er zum Vorläufer der UEFA Champions League, wie der Wettbewerb seit 1992 heißt.

Liverpool feiert den Gewinn der Champions League 2019.

Real Madrid

Die Spanier gewannen 1956 bis 1960 die ersten fünf Austragungen des Europapokals der Landesmeister und erzielten 1966 ihren sechsten Erfolg. In der Champions League siegten sie 1998, 2000, 2002, 2014, 2016, 2017, 2018 und 2022. Besonders bitter war Reals Triumph 2002 für die Mannschaft von Bayer 04 Leverkusen, die im Finalmatch unterlag. Denn Leverkusen war zuvor auch in der Bundesliga Vizemeister geworden und hatte das Endspiel im DFB-Pokal ebenfalls verloren.

Cristiano Ronaldo

Mit bisher unglaublichen 140 Treffern führt Ronaldo die ewige Torschützenliste der UEFA Champions League an. Lionell Messi folgt ihm mit 129 erzielten Toren, Platz drei belegt Robert Lewandowski mit immer noch beeindruckenden 91 Treffern. Ob Ronaldo jemals noch ein Champions-League-Tor schießen wird, ist fraglich. Seit Januar 2023 spielt er für den saudi-arabischen Fußballverein al-Nassr FC.

Ronaldo am Ball im Trikot seines neuen Vereins al-Nassr FC.

FC Bayern München

1974 holte die Mannschaft um Franz Beckenbauer, Sepp Maier, Paul Breitner, Uli Hoeneß und Rekordtorjäger Gerd Müller den Europapokal der Landesmeister erstmals nach Deutschland. Auch in den beiden Folgejahren triumphierte der FC Bayern München.
Eine bittere Niederlage erlitten die Bayern im Finale 1999 gegen Manchester United (→ S. 96).
2001 trafen die Münchner dann in einem packenden Finale auf den FC Valencia und es kam zum dramatischen Elfmeterschießen. Bayern-Torwart Oliver Kahn hielt drei Elfmeter und sicherte seinem Klub den Champions-League-Titel.
2012 standen die Bayern im Endspiel gegen den FC Chelsea, und zwar im eigenen Stadion. Nie zuvor hatte eine Mannschaft die Champions League vor heimischer Kulisse gewonnen. Wieder kam es in einem spannenden Match zum Elfmeterkrimi. Doch dieses Mal hielten am Ende die Stars des FC Chelsea den Pokal in ihren Händen – zum ersten Mal in der Vereinsgeschichte.
2013 sollte es für die Bayern dann klappen und auch 2020 gewannen sie die Champions League.

Wer darf teilnehmen?

Wer teilnehmen darf, wird in einem komplizierten Verfahren festgelegt, das sich in der Geschichte der Champions League schon einige Male geändert hat: Die UEFA bewertet die Ergebnisse der Champions League und Europa League (→ S. 100 f.) der letzten fünf Spielzeiten und vergibt Punkte an die Verbände der einzelnen Länder (Fünf-Jahreswertung der UEFA). Die stärksten nationalen Ligen schicken – je nach ihrer Platzierung in dieser UEFA-Rangliste – ihre Meister, Vizemeister und Drittplatzierten direkt in den Wettbewerb. Seit der Saison 2018/2019 kamen die Viertplatzierten der vier Topnationen dazu. Gesetzt sind zudem der Champions-League- sowie der Europa-League-Sieger des Vorjahres. Weitere Teilnehmer werden in einer Qualifikationsphase ermittelt.
Insgesamt treten dann 32 Teams in der Gruppenphase der Champions League gegeneinander an. Die 16 besten von ihnen erreichen die anschließenden K.-o.-Runden.

2013 standen mit Borussia Dortmund und dem FC Bayern München erstmals zwei deutsche Teams im Champions-League-Finale. Dortmund hatte im Halbfinale Real Madrid geschlagen und die Bayern den FC Barcelona. Mit einem 2 : 1 gelang den Bayern ihr fünfter Champions-League-Sieg und sie holten – mit Meisterschaft und DFB-Pokal – das Triple (→ S. 67).

Manchester United

Drei Siege kann Manchester United (ManU) bisher für sich verbuchen: 1968, 1999 und 2008. Besonders schmerzhaft im Gedächtnis geblieben ist vielen Fans vom FC Bayern München das Champions-League-Finale 1999 gegen die Engländer: Die Münchner führten nach einem Freistoßtor von Mario Basler in der sechsten Minute mit 1 : 0 und konnten diesen Vorsprung über die reguläre Spielzeit halten. Der Erfolg schien ihnen sicher, Basecaps mit der Aufschrift „Champions-League-Sieger 1999 – FC Bayern München" wurden zur Mannschaftsbank gebracht und verteilt. Doch in der Nachspielzeit geschah das Unglaubliche: Die Kicker von Manchester United schossen noch zwei Tore! Fassungslos und tief enttäuscht gingen die Bayern vom Platz.

Die UEFA

Die UEFA (offiziell französisch: „Union des Associations Européennes de Football") ist der europäische Fußballverband. Er wurde 1954 gegründet und hat seinen Sitz in der Schweiz. Mitglieder der UEFA sind heute 55 Verbände einzelner Länder, von denen ein paar geografisch gar nicht in Europa liegen (Israel, Armenien, Georgien, Aserbaidschan, Kasachstan).
Die UEFA führt zahlreiche Fußballwettbewerbe durch. Neben der Champions League gehören auch die Europa League (→ S. 100 f.) und die Europameisterschaft (→ S. 118 ff.) dazu.

Die Manchester-City-Spieler 2023 nach dem Finale gegen Inter Mailand in Istanbul. Es ist der erste Champions-League-Titel für The Cityzens.

FC Barcelona

1992 feierte Josep „Pep" Guardiola den Triumph des FC Barcelona als Spieler unter Trainer Johan Cruyff. 2009 führte er Barcelona als Trainer zum Champions-League-Finalsieg gegen Manchester United. Damit gewann sein Team das Triple aus spanischer Meisterschaft, spanischem Pokal und Champions League. Guardiolas Spieler konnten den Champions-League-Erfolg gegen Manchester United in Kombination mit der Meisterschaft 2011 wiederholen. Unter Trainer Luis Enrique gelang dem FC Barcelona im Jahr 2015 zum zweiten Mal das Triple aus Meisterschaft, Pokal und Champions League. Die Mannschaft setzte sich im Finale im Berliner Olympiastadion mit 3 : 1 gegen Juventus Turin durch.

Die Barcelona-Spieler feiern 2015 ihren Trainer Luis Enrique und das zweite Triple nach 2009.

Sir Föhn

Der ehemalige Manchester-United-Trainer Sir Alex Ferguson hat einen besonderen Spitznamen: Die Engländer nennen ihn „Föhn". Wenn er auf einen Spieler sauer war, stellte er sich angeblich ganz dicht vor ihn und brüllte ihn heftig an. Im Luftstrom konnte man sich die Haare trocknen! Nach dem Gewinn des Triples 1999 (Meisterschaft, FA-Cup und Champions League) wurde Ferguson von der Queen zum Ritter geschlagen, 2013 beendete er seine Trainerkarriere.

Torschützenkönige der Champions League

22/23	Erling Haaland (Manchester City)	12
21/22	Karim Benzema (Real Madrid)	15
20/21	Erling Haaland (Borussia Dortmund)	10
19/20	Robert Lewandowski (FC Bayern München)	15
18/19	Lionel Messi (FC Barcelona)	12
17/18	Cristiano Ronaldo (Real Madrid)	15
16/17	Cristiano Ronaldo (Real Madrid)	12
15/16	Cristiano Ronaldo (Real Madrid)	16
14/15	Neymar, Lionel Messi (FC Barcelona), Cristiano Ronaldo (Real Madrid)	10
13/14	Cristiano Ronaldo (Real Madrid)	17
12/13	Cristiano Ronaldo (Real Madrid)	12
11/12	Lionel Messi (FC Barcelona)	14
10/11	Lionel Messi (FC Barcelona)	12
09/10	Lionel Messi (FC Barcelona)	8
08/09	Lionel Messi (FC Barcelona)	9
07/08	Cristiano Ronaldo (Manchester United)	8

Ajax Amsterdam

1971 bis 1973 dominierten die Niederländer um Fußballlegende Johan Cruyff den Europapokal der Landesmeister und gewannen drei Jahre in Folge. Im Finale 1995 schoss das junge Team von Trainer Louis van Gaal überraschend den Titelverteidiger AC Mailand ins Aus.

Die Trophäe

Der erste Pokal wurde 1966 dauerhaft an Real Madrid überreicht. Danach ließ die UEFA einen „Pott“ im neuen Design entwerfen. Wer den Wettbewerb drei Mal hintereinander oder fünf Mal insgesamt gewonnen hatte, durfte die Trophäe behalten. Darum besitzen auch Ajax Amsterdam, Bayern München, der AC Mailand und der FC Liverpool ein Original. Inzwischen wurden die Regeln geändert: Die Trophäe bleibt bei der UEFA und derart erfolgreiche Vereine erhalten eine besondere Auszeichnung.

AC Mailand

1963 brachte der Verein den Titelgewinn erstmals nach Italien. Der Brasilianer José Altafini, Stürmer bei den Mailändern, wurde mit 14 Treffern Torschützenkönig des Wettbewerbs. Erst in der Saison 2011/12 konnte Lionel Messi (FC Barcelona) diesen Rekord wiederholen.
Ein zweites Mal war der italienische Klub 1969 erfolgreich. Danach dauerte es 20 Jahre, bis die Mailänder 1989 den nächsten Triumph im Europapokal der Landesmeister feiern durften. Ein Jahr später, 1990, verteidigten sie den Titel. Weitere Siege folgten in der Champions League 1994 – mit 4 : 0 gegen das favorisierte Team vom FC Barcelona – und 2003.
2005 verlor der Verein gegen den FC Liverpool in einem dramatischen Spiel mit Verlängerung und Elfmeterschießen. Die Chance zur Revanche bekamen die Italiener zwei Jahre später. Und die Mailänder nutzten sie: Sie besiegten den FC Liverpool im Endspiel 2007 mit 2 : 1 und sicherten sich ihren siebten Titel.

Mailands Filippo Inzaghi feiert sein Tor gegen Liverpool im Finale 2007.

6 Fußballer konnten den Wettbewerb bisher als Spieler und später als Trainer gewinnen: Miguel Muñoz, Giovanni Trapattoni, Johan Cruyff, Frank Rijkaard, Carlo Ancelotti und Josep Guardiola.

Die meisten Siege seit 1955/56

1.	Real Madrid	14
2.	AC Mailand	7
3.	FC Liverpool	6
	FC Bayern München	6
4.	FC Barcelona	5
5.	Ajax Amsterdam	4

FC Liverpool

Vier Titel gewann der FC Liverpool zwischen 1977 und 1984. Auch 1985 standen die Engländer im Endspiel. Doch vor Beginn des Matchs gegen Juventus Turin im Brüsseler Heysel-Stadion kam es zu einer unfassbaren Katastrophe: Englische Hooligans stürmten den Block der Juve-Fans, Panik brach aus, 39 Menschen starben, es gab sehr viele Verletzte. Der FC Liverpool wurde daraufhin sieben Jahre, andere englische Klubs fünf Jahre lang für europäische Vereinswettbewerbe gesperrt. Erst 2005 konnten die Liverpooler den Pokal nach einem packenden Endspiel gegen den AC Mailand endlich wieder in Händen halten. 2019 gelang der Triumph unter Trainer Jürgen Klopp erneut, der als dritter deutscher Trainer nach Jupp Heynckes und Ottmar Hitzfeld die Champions League gewann.

Roberto Firmino stemmt am 1. Juni 2019 bei der Siegerehrung für den FC Liverpool den Pokal in die Höhe.

Die Europa League

In der UEFA Europa League haben auch europäische Vereine, die nicht auf den vordersten nationalen Ligaplätzen stehen, die Möglichkeit, sich einem großen Publikum zu präsentieren. Immer wieder qualifizieren sich Klubs, die zuvor noch nie international gespielt haben. Für sie und insbesondere auch ihre Fans ist die Teilnahme ein echtes Erlebnis, die Spieltage werden zu „Feiertagen".

14:0

spielte Ajax Amsterdam am 3. Oktober 1984 gegen den luxemburgischen Verein Red Boys Differdange. Der höchste Sieg in der Geschichte des Wettbewerbs!

2006, 2007, 2014, 2015 (Foto) und 2016 gewannen die Spieler des FC Sevilla die Europa League.

Das „Wunder von der Weser"

Immer wieder gibt es Überraschungssiege, die als Wunder bezeichnet werden. Der Begriff „Wunder von der Weser" tauchte erstmals in der zweiten UEFA-Cup-Runde 1987 auf: Werder Bremen hatte gegen Spartak Moskau im Hinspiel 1 : 4 verloren. Das Ausscheiden aus dem Wettbewerb schien sicher. Doch in einer fesselnden Aufholjagd schlugen die Bremer Spartak Moskau im Rückspiel mit 6 : 2 nach Verlängerung und erreichten das Achtelfinale. Ähnliche Wunder gelangen Werder seitdem noch einige Male in verschiedenen europäischen Vereinswettbewerben.

Erfolgreiche Titelträger

FC Sevilla	7
Inter Mailand	3
Juventus Turin	3
FC Liverpool	3
Atlético Madrid	3
Borussia Mönchengladbach	2
Tottenham Hotspur	2
Feyenoord Rotterdam	2
IFK Göteborg	2
FC Parma (Parma Calcio 1913)	2
Real Madrid	2
FC Porto	2
FC Chelsea	2

Die meisten Tore innerhalb einer Saison

Radamel Falcao (FC Porto)	2010/11	17
Jürgen Klinsmann (FC Bayern München)	1995/96	15

Das „Wunder vom Wildpark“

1993 kassierte der Karlsruher SC im Zweitrunden-Hinspiel des UEFA-Pokals gegen den FC Valencia eine 1 : 3-Niederlage. Das Rückspiel im Karlsruher Wildparkstadion wurde zum Spektakel: KSC-Torwart Oliver Kahn hielt den Kasten sauber und die Spieler kämpften – angetrieben von den Fans – wie besessen bis zum Endstand von 7 : 0 für Karlsruhe. KSC-Stürmer Edgar Schmitt traf allein viermal. Wenige Tage vorher hatte er einen schweren Autounfall, bei dem er sich mehrfach überschlug. Man nannte ihn deswegen „Looping-Schmitt“. Nun verpasste ihm Fernsehkommentator Jörg Dahlmann den neuen Spitznamen „Euro-Eddy“.

Wer spielt mit?

Die UEFA Europa League ist seit 2009 der Nachfolgewettbewerb des UEFA-Pokals. Die teilnehmenden europäischen Vereine qualifizieren sich über ihre nationalen Ligen. Sie belegen dort die Plätze hinter den Klubs, die in die Champions League dürfen. Wie viele Mannschaften aus welchem Land zugelassen werden, hängt von der Fünf-Jahreswertung der UEFA (→ S. 95) ab und vom aktuellen Qualifikationsmodus, der immer wieder angepasst wird. Startberechtigt sind zudem (seit Abschaffung des Europapokals der Pokalsieger 1999) alle nationalen Pokalsieger der UEFA-Mitgliedsverbände, sofern sie nicht in der Champions League antreten. Im Verlauf des Wettbewerbs stoßen aus der Champions League unterlegene Mannschaften der Qualifikation sowie Drittplatzierte der Gruppenphase dazu. Der Sieger der Europa League tritt im UEFA-Super Cup gegen den Champions-League-Gewinner an und erhält einen Startplatz in der Champions League der Folgesaison.

Vom „Looping-Schmitt“ zum „Euro-Eddy“: Edgar Schmitt nach seinem 1 : 0 gegen den FC Valencia.

Auch ein Wunder:

4:0

siegte der 1. FC Köln am 5. November 1980 gegen den FC Barcelona im Zweitrunden-Rückspiel des UEFA-Pokals.

Die Women's Champions League

Mit dem UEFA-Frauenpokal, erstmals durchgeführt 2001/2002, wurde ein Meilenstein im europäischen Vereinsfußball der Frauen geschaffen. Seit der Saison 2009/2010 wird der Wettbewerb als UEFA Women's Champions League ausgetragen – mit zunehmendem Medieninteresse und steigenden Zuschauerzahlen.

1. FFC Frankfurt

Den ersten UEFA-Frauenpokal holten die Spielerinnen vom 1. FFC Frankfurt 2002 im Frankfurter Waldstadion. Birgit Prinz und Steffi Jones erzielten die Siegtore zum 2 : 0 gegen Umeå IK aus Schweden. 2006 entschieden die Frankfurterinnen das Finale (2003 bis 2009 ausgetragen in Hin- und Rückspiel) wieder für sich – dieses Mal gegen den 1. FFC Turbine Potsdam. Der 1. FFC Frankfurt und Umeå IK standen sich 2008 zum dritten Mal im Finale des UEFA-Frauenpokals gegenüber. 2004 mussten sich die Frankfurterinnen den Schwedinnen geschlagen geben, doch dieses Mal erkämpften sie im Final-Rückspiel den Sieg. 2015 gingen die Frankfurter Spielerinnen im Finale gegen Paris Saint-Germain erneut als Siegerinnen vom Platz.

91 648

Zuschauer bildeten die Rekordkulisse im Camp Nou in Barcelona beim Finale FC Barcelona – VfL Wolfsburg im Jahr 2022.

Dzsenifer Maroszán (1. FFC Frankfurt) im Duell mit Kenza Dali (Paris Saint-Germain) im Finale der Champions League 2015.

Im Finale 2019 siegte Lyon deutlich mit 4 : 1 gegen den FC Barcelona.

Olympique Lyon

Bereits 2007/08 konnte sich Olympique Lyonnais, wie der Verein offiziell heißt, von der ersten Qualifikationsrunde bis ins Halbfinale kämpfen. 2011 schafften die Französinnen, was ihnen im Vorjahr nicht gelungen war: Sie schlugen den 1. FFC Turbine Potsdam im Endspiel. Damit begann die beeindruckende Serie des französischen Traditionsvereins: Innerhalb von elf Jahren gewann Olympique Lyon bis 2022 achtmal den Titel.

Ada Hegerberg

Sie ist die Rekordtorschützin des Wettbewerbs. Bisher traf sie während des Wettbewerbs 59 Mal. Die norwegische Stürmerin spielt seit 2014 bei Olympique Lyon und wurde dort 2016, 2017, 2018, 2019, 2020 und 2022 Champions-League-Siegerin. 2018 wurde Ada Hegerberg als erste Spielerin mit dem Ballon d'Or als „Weltfußballerin des Jahres" ausgezeichnet. Seit 2011 spielt sie in der norwegischen Nationalmannschaft der Damen.

Geboren am: 10.07.1995
Verein: Olympique Lyon
Position: Angriff
Erfolge (Auswahl): Champions-League-Siegerin 2016, 2017, 2018, 2019, 2020, 2022; Französische Meisterin 2015, 2016, 2017, 2018, 2019, 2020, 2022; Französische Pokalsiegerin 2015, 2016, 2017, 2019, 2020; Norwegische Pokalsiegerin 2012; Französische Supercup-Siegerin 2019; Vize-Europameisterin 2013

Deutsche Erfolgsteams

Neben den Frankfurterinnen und dem 1. FFC Turbine Potsdam, der 2005 und 2010 triumphierte, waren bisher zwei weitere deutsche Teams erfolgreich: Der FCR 2001 Duisburg siegte 2009, der VfL Wolfsburg 2013 (→ S. 75) und 2014.

Starke Vereine aus Schweden

2003 und 2004 sicherte sich Umeå IK den UEFA-Frauenpokal. Mit dabei: erstklassige Spielerinnen wie Hanna Ljungberg und ab 2004 die brasilianische Starkickerin Marta. Zu den starken Klubs aus Schweden gehören zum Beispiel auch Djurgården/Älvsjö, Finalist 2005, der Kopparbergs/Göteborg FC und der FC Rosengård (bis 2013 FC Malmö), bei dem auch die deutsche Nationalspielerin Anja Mittag spielte.

Torschützenköniginnen

22/23	Ewa Pajor (VfL Wolfsburg)	9
21/22	Alexia Putellas (FC Barcelona)	11
20/21	Jenni Hermoso (FC Barcelona), Fran Kirby (FC Chelea)	6
19/20	Vivianne Miedema (FC Arsenal), Emueje Ogbiagbevha (FK Minsk), Berglind Thorvaldsdóttir (Breidablik Kopavogur)	10
18/19	Pernille Harder (VfL Wolfsburg)	8
17/18	Ada Hegerberg (Olympique Lyon)	15
16/17	Zsanett Jakabfi (VfL Wolfsburg) Vivianne Miedema (FC Bayern München)	8
15/16	Ada Hegerberg (Olympique Lyon)	13
14/15	Célia Šašić (1. FFC Frankfurt)	14
13/14	Milena Nikolic (FK Spartak Subotica)	11
12/13	Laura Rus (Apollon Limassol LFC)	11
11/12	Camille Abily, Eugénie Le Sommer (Olympique Lyon)	9
10/11	Inka Grings (FCR 2001 Duisburg)	13
09/10	Vanessa Bürki (FC Bayern München)	11
08/09	Margrét Lára Vidarsdóttir (Valur Reykjavík)	14

Die Klub-Weltmeisterschaft

Die „beste Vereinsmannschaft der Welt" wird bei der FIFA Klub-Weltmeisterschaft ermittelt. Während der Wettbewerb in Europa im Schatten der Champions League steht, ist das Interesse in anderen Teilen der Welt sehr groß. Besonders in Asien und Südamerika fiebern viele Fernsehzuschauer mit und drücken ihren Teams die Daumen.

Sechs Kontinentalverbände

Neben der UEFA in Europa gibt es fünf weitere Kontinentalverbände, die internationale Vereinswettbewerbe veranstalten: Die Copa Libertadores des südamerikanischen Verbandes CONMEBOL wird dominiert von argentinischen und brasilianischen Klubs. In Afrika treten die Top-Teams in der CAF Champions League an. Die besten Klubs aus Nord-, Mittelamerika und Karibik spielen in der CONCACAF Champions League gegeneinander. Hinzu kommen die AFC Champions League in Asien und die OFC Champions League in Ozeanien. Alle Sieger aus diesen Wettbewerben kämpfen um die FIFA Klub-Weltmeisterschaft. Außerdem ist das stärkste Team des Gastgeberlandes dabei. Die Teilnehmer aus Europa und Südamerika sind jeweils gesetzt und starten im Halbfinale. Die FIFA hat die Klub-WM nun reformiert und das Teilnehmerfeld von sieben auf 24 aufgestockt. Das Turnier fand im Sommer 2021 erstmalig als "Pilotprojekt" statt. Der Confed Cup wurde dafür gestrichen. 2022 gab die FIFA bekannt, die Klub-WM ab 2025 künftig im Vier-Jahres-Rhythmus mit 32 Teams auszutragen.

Weltpokalsiegerbesieger

2001 gewann der FC Bayern München den Toyota Cup. Kurz darauf besiegte der FC St. Pauli, damals Tabellenletzter, die Bayern unerwartet in der Bundesliga. Die humorvollen Hamburger ließen T-Shirts drucken mit der selbstbewussten Aufschrift „Weltpokalsiegerbesieger". Der FC St. Pauli rutschte wenig später in die zweite Liga ab – aber die T-Shirts fanden reißenden Absatz. Bis heute sind sie bei den Fans äußerst beliebt.

Der Weltpokal

Von 1960 bis 2004 spielten der Sieger im Europapokal der Landesmeister bzw. der UEFA Champions League und der Gewinner des südamerikanischen Copa Libertadores gegeneinander. Bis 1979 trug der Wettbewerb den Namen „Weltpokal", ab 1980 wurde er nach dem japanischen Sponsor „Toyota Cup" genannt. Die Bezeichnung Weltpokal blieb aber weiterhin im Sprachgebrauch erhalten. Die FIFA Klub-Weltmeisterschaft startete 2000 zusätzlich und wurde in ihrer zweiten Austragung 2005 mit dem Toyota Cup zusammengelegt.

Die „Weltpokalsiegerbesieger" liegen sich am 6. Februar 2002 bei Spielende in den Armen. Aufsteiger FC St. Pauli gewinnt im heimischen Stadion am Millerntor das Bundesligaspiel der 21. Runde gegen den Titelverteidiger FC Bayern mit 2 : 1.

Finalisten 2014–2022

	Sieger	Zweiter
2022	Real Madrid (Spanien)	al-Hilal (Saudi-Arabien)
2021	FC Chelsea (England)	Palmeiras São Paulo (Brasilien)
2020	FC Bayern München (Deutschland)	UANL Tigres (Mexiko)
2019	FC Liverpool (England)	Flamengo Rio de Janeiro (Brasilien)
2018	Real Madrid (Spanien)	al Ain Club (Vereinigte Arabische Emirate)
2017	Real Madrid (Spanien)	Grêmio Porto Alegre (Brasilien)
2016	Real Madrid (Spanien)	Kashima Antlers (Japan)
2015	FC Barcelona (Spanien)	CA River Plate (Argentinien)
2014	Real Madrid (Spanien)	CA Lorenzo de Almagro (Argentinien)

2009, 2011 (Foto) und 2015 sicherte sich der FC Barcelona den Titel.

Mit **6** Klub-WM-Siegen führt Toni Kroos die Rekordliste der erfolgreichsten Spieler an. Er gewann einmal mit dem FC Bayern München (2013) und fünfmal für Real Madrid (2014, 2016, 2017, 2018, 2022).

Corinthians

Brasilianische Vereine sind bei der Klub-Weltmeisterschaft stark vertreten und gewannen nicht nur die ersten drei Austragungen des Wettbewerbs.
Die Corinthians São Paulo siegten 2000 und erneut 2012, nachdem der Verein zwischenzeitlich in Brasilien in die zweite Liga ab- und wieder in die erste Liga aufgestiegen war. Bester Torjäger des Klubs im Wettbewerb 2012 war der frühere Bundesligaprofi Paolo Guerrero (FC Bayern München und Hamburger SV).

Die Fans der Corinthians feiern das 1 : 0 gegen Chelsea im Finale der Klub-Weltmeisterschaft 2012.

Sieger der Champions League / des Europapokals der Landesmeister

2023	Manchester City
2022	Real Madrid
2021	FC Chelsea
2020	FC Bayern München
2019	FC Liverpool
2018	Real Madrid
2017	Real Madrid
2016	Real Madrid
2015	FC Barcelona
2014	Real Madrid
2013	FC Bayern München
2012	FC Chelsea
2011	FC Barcelona
2010	Inter Mailand
2009	FC Barcelona
2008	Manchester United
2007	AC Mailand
2006	FC Barcelona
2005	FC Liverpool
2004	FC Porto
2003	AC Mailand
2002	Real Madrid
2001	FC Bayern München
2000	Real Madrid
1999	Manchester United
1998	Real Madrid
1997	Borussia Dortmund
1996	Juventus Turin
1995	Ajax Amsterdam
1994	AC Mailand
1993	Olympique Marseille
1992	FC Barcelona
1991	Roter Stern Belgrad
1990	AC Mailand
1989	AC Mailand
1988	PSV Eindhoven
1987	FC Porto
1986	Steaua Bukarest
1985	Juventus Turin
1984	FC Liverpool
1983	Hamburger SV
1982	Aston Villa
1981	FC Liverpool
1980	Nottingham Forest
1979	Nottingham Forest
1978	FC Liverpool
1977	FC Liverpool
1976	FC Bayern München
1975	FC Bayern München
1974	FC Bayern München
1973	Ajax Amsterdam
1972	Ajax Amsterdam
1971	Ajax Amsterdam
1970	Feyenoord Rotterdam
1969	AC Mailand
1968	Manchester United
1967	Celtic Glasgow
1966	Real Madrid
1965	Inter Mailand
1964	Inter Mailand
1963	AC Mailand
1962	Benfica Lissabon
1961	Benfica Lissabon
1960	Real Madrid
1959	Real Madrid
1958	Real Madrid
1957	Real Madrid
1956	Real Madrid

Sieger der Women's Champions League / des UEFA-Frauenpokals

2023	FC Barcelona
2022	Olympique Lyon
2021	FC Barcelona
2020	Olympique Lyon
2019	Olympique Lyon
2018	Olympique Lyon
2017	Olympique Lyon
2016	Olympique Lyon
2015	1. FFC Frankfurt
2014	VfL Wolfsburg
2013	VfL Wolfsburg
2012	Olympique Lyon
2011	Olympique Lyon
2010	1. FFC Turbine Potsdam
2009	FCR 2001 Duisburg
2008	1. FFC Frankfurt
2007	Arsenal LFC
2006	1. FFC Frankfurt
2005	1. FFC Turbine Potsdam
2004	Umeå IK
2003	Umeå IK
2002	1. FFC Frankfurt

Wettbewerbe der Nationalmannschaften

Die deutsche Nationalmannschaft

Es ist eine besondere Auszeichnung für einen Fußballer, zur Nationalmannschaft zu gehören. Hier kommen die besten Spieler zusammen und vertreten ihr Land bei internationalen Wettbewerben. Die deutsche Elf konnte weltweit schon zahlreiche Erfolge feiern.

Erste Länderspiele

Das erste offizielle Länderspiel einer DFB-Auswahl (→ S. 110) fand am 5. April 1908 in Basel gegen die Schweiz statt. Die deutsche Elf verlor 3 : 5. Sie musste noch einige Niederlagen einstecken, bevor sie im Jahr darauf ihren ersten Sieg feiern konnte – ebenfalls gegen die Schweiz: Bei einer Partie in Karlsruhe gewannen die Deutschen 1 : 0.

Am selben Tag spielte eine zweite deutsche Nationalmannschaft in Budapest gegen Ungarn 3 : 3 unentschieden. Weil jeder deutsche Landesverband möglichst viele seiner Spieler in der Nationalelf sehen wollte, ließ man in Karlsruhe eine süddeutsche und in Budapest eine mittel- und norddeutsche Spielerauswahl antreten.

Im Nationalsozialismus

1934 nahm die Nationalmannschaft erstmals an einer Weltmeisterschaft teil (→ S. 114). Seit 1933 waren die Nationalsozialisten in Deutschland an der Macht. Ihre menschenverachtende Politik hatte Auswirkungen auf alle Bereiche des Lebens – auch auf den Fußballsport. Mitglieder jüdischen Glaubens und Kommunisten wurden aus dem DFB und seinen Vereinen ausgeschlossen. Sie wurden von den Nationalsozialisten verfolgt und ermordet. Die Nationalspieler mussten bei ihren Auftritten den „Hitlergruß" zeigen.

Die größten Erfolge der deutschen Elf

Viermal Weltmeister	1954, 1974, 1990, 2014
Viermal Vize-Weltmeister	1966, 1982, 1986, 2002
Dreimal Europameister	1972, 1980, 1996
Dreimal Vize-Europameister	1976, 1992, 2008
Teilnahme an allen Weltmeisterschaften seit 1954	
Teilnahme an allen Europameisterschaften seit 1972	

Julius-Hirsch-Preis

Seit 2005 vergibt der DFB den Julius-Hirsch-Preis gegen Rassismus und Antisemitismus im Fußball. Der jüdische Stürmer Julius „Juller" Hirsch wurde 1910 Deutscher Meister mit dem Karlsruher FV und 1914 erneut mit der SpVgg Fürth. Von 1911 bis 1913 spielte er in der deutschen Nationalmannschaft und war bei den Olympischen Spielen 1912 in Stockholm im Team. Aus der Zeitung erfuhr Hirsch 1933, dass sein Verein jüdische Mitglieder ausschloss. Zehn Jahre später wurde er von den Nazis ins Konzentrationslager Auschwitz verschleppt, wo er starb. Der Julius-Hirsch-Preis geht an Menschen und Initiativen, die sich gegen Fremdenfeindlichkeit und Ausgrenzung einsetzen.

Zwei deutsche Nationalmannschaften

1949, vier Jahre nach dem Ende des Zweiten Weltkriegs, wurden mit der Bundesrepublik Deutschland und der Deutschen Demokratischen Republik zwei neue deutsche Staaten gegründet. Damit gab es in der Folge – bis zur Wiedervereinigung 1990 – auch zwei deutsche Nationalmannschaften: die DFB-Auswahl im Westen und die DFV-Auswahl (DFV: Deutscher Fußball-Verband) im Osten. 1954 nahm die bundesdeutsche Mannschaft erstmals nach dem Zweiten Weltkrieg an einer Weltmeisterschaft teil und gewann überraschend (→ S. 115). Besondere Erfolge der DDR-Nationalelf waren ihr Sieg über den späteren Weltmeister Bundesrepublik Deutschland in der Vorrunde der WM 1974 (→ S. 116) durch ein Tor von Jürgen Sparwasser und die Goldmedaille bei den Olympischen Sommerspielen 1976.

Die deutsche Elf präsentiert sich bei der Weltmeisterschaft 1990 (→ S. 108) vor einem Gruppenspiel den Fotografen. Vorne (von links): Thomas Häßler, Jürgen Klinsmann, Uwe Bein, Andreas Brehme und Lothar Matthäus. Hinten (von links): Thomas Berthold, Bodo Illgner, Klaus Augenthaler, Guido Buchwald, Stefan Reuter und Rudi Völler.

Die deutsche Nationalmannschaft im März 2013 vor einem Qualifikationsspiel zur WM 2014 (→ S. 112, 117). Vorne (von links): Philipp Lahm, Marco Reus, Mario Götze, Marcel Schmelzer und Mesut Özil. Hinten (von links): Manuel Neuer, Per Mertesacker, Thomas Müller, Sami Khedira, İlkay Gündoğan und Jérome Bôateng.

16 : 0 lautete der höchste Sieg einer deutschen Nationalmannschaft jemals: Bei den Olympischen Spielen 1912 schlug die deutsche Elf das Team aus Russland in der Trostrunde mit diesem Ergebnis. Möglicherweise waren die Russen etwas müde, weil sie am Abend zuvor – vielleicht sogar mit den Deutschen zusammen – gefeiert hatten.

Internationale Wurzeln

Viele deutsche Nationalspieler sind bei Bundesligavereinen unter Vertrag, einige bei Klubs im Ausland. Zahlreiche Spieler haben ausländische Wurzeln und sind Kinder von Einwanderern. Auch vor diesem Hintergrund setzen sich deutsche Nationalspieler für Integration und gegen Rassismus ein.

Der DFB

Die deutsche Nationalmannschaft heißt auch „DFB-Auswahl" – DFB ist die Abkürzung für „Deutscher Fußball-Bund". Der wurde am 28. Januar 1900 durch Vertreter von 86 Vereinen im Leipziger Restaurant „Zum Mariengarten" gegründet. Der DFB übernahm die Organisation des Fußballspiels für ganz Deutschland, nachdem in verschiedenen Gegenden Klubs und Verbände entstanden waren. Er sorgte zum Beispiel dafür, dass alle nach denselben Regeln spielten, und organisierte Meisterschaften. Erster Vorsitzender war Professor Dr. Ferdinand Hueppe. Heute hat der DFB über 7 Millionen Mitglieder und ist der größte nationale Fußballverband der Welt.

71 Tore erzielte Rekord-Torjäger Miroslav Klose in 137 Länderspielen. Gerd Müller traf 68 Mal in 62 Spielen.

Das DFB-Team

Der Bundestrainer entscheidet, welche Spieler zum Kader der Nationalmannschaft gehören. Dazu beobachtet er deutsche Spitzenfußballer bei den Einsätzen für ihre Vereine im In- und Ausland. Denn eine grundlegende Voraussetzung für die Aufnahme ins Team ist – neben der deutschen Staatsbürgerschaft – eine konstant gute Leistung. Der Bundestrainer selbst muss übrigens kein Deutscher sein, auch wenn das bisher immer so war.

Bis 1926 musste die deutsche Nationalmannschaft übrigens ganz ohne Trainer auskommen. Der DFB-Spielausschuss stellte die Elf zusammen und der Kapitän legte die Taktik fest. Heute gibt es neben dem Bundestrainer einen Assistenztrainer und einen Torwarttrainer, außerdem begleiten Fitnesstrainer, Ärzte, Physiotherapeuten, Psychologen und viele andere Mitarbeiter die Mannschaft.

Damals hat die halbe Nation hinter dem Fernseher gestanden.

Franz Beckenbauer über das WM-Finale 1990

Nationaltrainer im Überblick

Seit 2023	Julian Nagelsmann
2021–2023	Hansi Flick
2006–2021	Joachim Löw
2004–2006	Jürgen Klinsmann
2000–2004	Rudi Völler
1998–2000	Erich Ribbeck
1990–1998	Berti Vogts
1984–1990	Franz Beckenbauer
1978–1984	Jupp Derwall
1964–1978	Helmut Schön
1936–1964	Sepp Herberger
1926–1936	Otto Nerz
1908–1926	kein Trainer

Julian Nagelsmann

Funktion: Bundestrainer
Geboren am: 23. Juli 1987 Landsberg am Lech
Größe: 1,90 m
Stationen als Trainer:

2008–2010	TSV 1860 München U17 (Co-Trainer)
2010–2011	TSG 1899 Hoffenheim U17 (Co-Trainer)
2011–2012	TSG 1899 Hoffenheim U17
2012–2013	TSG 1899 Hoffenheim (Co-Trainer)
2013–2016	TSG 1899 Hoffenheim U19
2016–2019	TSG 1899 Hoffenheim
2019–2021	RB Leipzig
2021–2023	FC Bayern München
Seit 22.09.2023	Bundestrainer

Trainererfolge (Auswahl):

2014	Deutscher A-Junioren-Meister
2021	Deutscher Superpokalsieger
2022	Deutscher Meister
2022	Deutscher Superpokalsieger

Die Ehrenspielführer

Mit dem Titel „Ehrenspielführer" werden Nationalspieler für ganz besondere Leistungen ausgezeichnet. Bei den Männern bekamen bisher sechs Spieler diesen Titel verliehen: **Fritz Walter** war der erste. In 61 Länderspielen stand er für die deutsche Elf auf dem Platz – davon 30 Spiele als Kapitän – und erzielte 33 Tore. Walter war unter anderem beim WM-Sieg 1954 als Kapitän dabei. **Uwe Seeler** mit 72 Länderspielen – davon 40 als Kapitän – und 43 Toren gehört ebenfalls zu den Titelträgern. **Franz Beckenbauer** war als Spieler und Teamchef der Nationalmannschaft erfolgreich. Als Spieler bestritt er 103 Länderspiele, davon 50 als Kapitän, u. a. beim WM-Sieg 1974, und erzielte 14 Tore. Seinen größten Erfolg als Trainer der DFB-Elf feierte er 1990 mit dem Weltmeister-Titel. **Lothar Matthäus** hält den Rekord mit den meisten Einsätzen als deutscher Nationalspieler (der Männer). Er trug das Trikot der Nationalmannschaft in 150 Länderspielen, davon 75 als Kapitän, und schoss dabei 23 Tore. Er war u. a. beim WM-Sieg 1990 Mannschaftskapitän. Bei diesem Erfolg dabei war auch **Jürgen Klinsmann,** der zudem 1996 die Kapitänsbinde trug, als das deutsche Team Europameister wurde. Als Trainer erreichte er mit der deutschen Nationalmannschaft beim „Sommermärchen" 2006 den dritten Platz. Als bisher letzter erhielt 2017 **Philipp Lahm** den Titel des Ehrenspielführers. Er war für die DFB-Auswahl 113 Mal im Einsatz – davon 53 Spiele als Kapitän.

WM-Kapitäne

WM 2018, 2022	Manuel Neuer
WM 2010, 2014	Philipp Lahm
WM 2006	Michael Ballack
WM 2002	Oliver Kahn
WM 1998	Jürgen Klinsmann
WM 1990, 1994	Lothar Matthäus
WM 1982, 1986	Karl-Heinz Rummenigge
WM 1978	Berti Vogts
WM 1974	Franz Beckenbauer
WM 1966, 1970	Uwe Seeler
WM 1958, 1962	Hans Schäfer
WM 1954	Fritz Walter
WM 1934, 1938	Fritz Szepan

Deutschland schlägt Frankreich 2 : 1 im EM-Vorbereitungsspiel am 12.09.2023. Es ist das erste Spiel nach der Entlassung von Bundestrainer Hansi Flick.

Die Weltmeisterschaft

Unter Jules Rimet, FIFA-Präsident von 1921 bis 1954, beschloss der Weltfußballverband FIFA, 1930 die erste Weltmeisterschaft auszutragen. Inzwischen ist die Fußball-WM ein Großereignis, das Fans und Aktive rund um die Erde begeistert. Alle vier Jahre kämpfen Nationalmannschaften von allen Kontinenten um den Titel.

WM-Teilnehmer

32 Nationalmannschaften nehmen an der WM teil. Das Team des Gastgeberlandes hat automatisch einen Turnierplatz sicher, die anderen müssen sich im Vorfeld qualifizieren. In der Endrunde spielen die Mannschaften zunächst in acht Gruppen à vier Teams gegeneinander. Der Gruppenerste und -zweite kommen jeweils weiter. Diese 16 Teams kämpfen im K.-o.-System vom Achtelfinale bis zum WM-Sieg. Ab 2026 sollen 48 Mannschaften an der WM teilnehmen.

Der WM-Pokal

Die erste Trophäe hieß zunächst einfach „Weltpokal". 1946 bekam sie den Namen „Jules-Rimet-Pokal" nach dem früheren FIFA-Präsidenten. 1966 wurde der Pokal in England gestohlen, als er vor der WM in einer Ausstellung zu sehen war. Der kleine Hund Pickles spürte ihn zufällig in einem Londoner Vorgarten unter einem Busch wieder auf. 1970 durften die Brasilianer den Jules-Rimet-Pokal nach ihrem dritten WM-Titelgewinn behalten. Er wurde jedoch 1983 erneut gestohlen und ist seitdem verschwunden. Die Brasilianer ließen eine Kopie herstellen. Für die WM 1974 und die folgenden Turniere wurde ein neuer Pokal angefertigt nach einem Entwurf des Italieners Silvio Gazzaniga. Der FIFA WM-Pokal besteht aus Gold und zwei Halbedelsteinringen im Fuß. Er bleibt im Besitz der FIFA und der WM-Sieger bekommt eine vergoldete Kopie, den FIFA WM-Siegerpokal.

2002 hieß der Weltmeister Brasilien. Kapitän Cafu (mit Pokal) und seine Teamkollegen schlugen Deutschland mit 2 : 0.

Sterne für die Weltmeister
Für jede gewonnene Weltmeisterschaft darf das Team einen Stern auf dem Trikot tragen. Eine Ausnahme bildet Uruguay: Weil es vor 1930 noch keine WM gab, trägt die Nationalmannschaft zwei zusätzliche Sterne für ihre Olympiasiege 1924 und 1928.

Die meisten WM-Tore kann mit **16** Treffern Miroslav Klose für sich verbuchen.

Bisherige WM-Siege

1.	Brasilien	5
2.	Italien	4
	Deutschland	4
3.	Argentinien	3
4.	Uruguay	2
	Frankreich	2
5.	England	1
	Spanien	1

Mit einem 1 : 0 im Finale gegen Argentinien sicherte sich die deutsche Nationalmannschaft 2014 ihren vierten Weltmeistertitel **(→ S. 117).**

Mit nur **17** Jahren wurde Pelé 1958 der bisher jüngste Fußball-Weltmeister.

WM-Austragungsorte

1930	Uruguay
1934, 1990	Italien
1938, 1998	Frankreich
1950, 2014	Brasilien
1954	Schweiz
1958	Schweden
1962	Chile
1966	England
1970, 1986	Mexiko
1974, 2006	Deutschland
1978	Argentinien
1982	Spanien
1994	USA
2002	Korea/Japan
2010	Südafrika
2018	Russland
2022	Katar
2026	Kanada/Mexiko/USA

Krake Paul

Bei der WM 2010 orakelte ein Tintenfisch: Krake Paul sagte alle Spielergebnisse der deutschen Nationalmannschaft und den Ausgang des Finales richtig voraus! In sein Aquarium in Oberhausen wurden jeweils zwei durchsichtige Kunststoffbehälter mit einer Miesmuschel darin gestellt. Auf den Gefäßen waren die Flaggen der Nationalteams angebracht, die gegeneinander antraten. Der Kasten, aus dem Paul die Muschel fischte und futterte, zeigte seinen Siegertipp an.

WM-Höhepunkte

Uruguay 1930

Nur 13 Länder nahmen an der ersten Weltmeisterschaft teil – Deutschland gehörte nicht dazu. Vielen Verbänden waren die Kosten zu hoch, weltweit herrschte Wirtschaftskrise. Von Europa aus musste man damals mit dem Schiff anreisen, was mühsam und zeitaufwendig war. Und es störte einige Verbände, dass auch Profispieler zugelassen waren. Für die deutsche Nationalmannschaft kickten nach wie vor Amateure. Schließlich nahmen nur Belgien, Frankreich, Jugoslawien und Rumänien die Atlantiküberquerung auf sich. Jugoslawien kam bis ins Halbfinale.

Finale: Uruguay – Argentinien 4 : 2

Italien 1934

Bei der zweiten WM-Austragung legten Argentinien, Brasilien und die USA den weiten Weg über den Atlantik zurück – und schieden gleich in der ersten Runde aus. Uruguay reiste gar nicht erst an, um den Titel zu verteidigen.
Die italienischen Faschisten benutzten die WM, um sich der Welt in einem positiven Licht zu zeigen, Diktator Mussolini soll seinem Land mit Bestechungen zum Sieg verholfen haben. Das deutsche Team von Reichstrainer Otto Nerz erreichte bei seiner ersten WM-Teilnahme den dritten Platz nach einem 3 : 2 gegen Österreich.

Finale: Italien – Tschechoslowakei 2 : 1 n. V.

Nach Siegen über Peru, Rumänien, Jugoslawien und Argentinien gewann Gastgeber Uruguay das erste WM-Turnier.

Frankreich 1938

Nazi-Deutschland war im März in Österreich einmarschiert und hatte das Land als „Ostmark" dem „Deutschen Reich" angegliedert. Deshalb fuhr der neue Reichstrainer Sepp Herberger mit einem deutsch-österreichischen Team zur WM nach Frankreich. Diese „großdeutsche" Mannschaft überstand jedoch nicht mal die erste Runde. Das Turnier war überschattet von den Vorboten des Zweiten Weltkriegs.

Finale: Italien – Ungarn 4 : 2

1939 – 1945 Zweiter Weltkrieg

1936 hatte Deutschland sich – neben Brasilien – als Austragungsort für die WM 1942 beworben. Doch der Krieg machte WM-Austragungen unmöglich und die FIFA schloss Nazi-Deutschland 1942 aus dem Weltfußballverband aus. FIFA-Vizepräsident Dr. Ottorino Barassi (Italien) versteckte den Pokal während des Krieges in einem Schuhkarton unter seinem Bett.

Brasilien 1950

Wie 1930 nahmen an der ersten WM nach Kriegsende nur 13 Länder teil. Deutschland blieb ausgeschlossen, auch Japan durfte nicht teilnehmen. Indien sagte ab, weil die FIFA der Mannschaft verbot, barfuß zu spielen. England war erstmals dabei, kam aber – wie auch Titelverteidiger Italien – nicht in die Endrunde. Dass die Seleção, das Team der Gastgeber, den WM-Sieg knapp verpasste, war für viele Brasilianer eine unfassbare Katastrophe.

Finalrunde: Uruguay, Brasilien, Schweden, Spanien
Sieger: Uruguay

Schweiz 1954

1950 war der DFB wieder von der FIFA aufgenommen worden und die Deutschen durften an der WM 1954 teilnehmen. Die bundesdeutsche Nationalmannschaft – nach wie vor trainiert von Sepp Herberger – schaffte es ins Finale, das in Bern stattfand. Dort besiegte die Elf um Fußballlegende Fritz Walter die Favoriten aus Ungarn überraschend mit 3 : 2. Dieses „Wunder von Bern" löste eine gewaltige Fußballbegeisterung in Deutschland aus, Menschen in der BRD und der DDR jubelten.
Finale: Bundesrepublik Deutschland – Ungarn 3 : 2

Helmut Rahn traf in der 84. Minute zum 3 : 2 – und Deutschland war zum ersten Mal Fußball-Weltmeister. Im Bild: Fritz Walter mit dem WM-Pokal.

Schweden 1958

Brasilien brachte einen jungen Spieler mit, der zum Star wurde: Pelé gewann mit 17 Jahren seine erste Weltmeisterschaft. Im Turnier erzielte er sechs Tore und wurde als bester junger Spieler ausgezeichnet. Auch Titelverteidiger Deutschland hatte ein junges Torjäger-Talent dabei: Uwe Seeler trat erstmals bei einer WM an und erzielte zwei Treffer. Im Halbfinale scheiterten die Deutschen an Schweden, den dritten Platz verloren sie schließlich an Frankreich.
Finale: Brasilien – Schweden 5 : 2

Chile 1962

Eine Trainerentscheidung sorgte im Quartier der bundesdeutschen Mannschaft einen Tag vor dem ersten Spiel der Deutschen für Aufregung: Sepp Herberger hatte beschlossen, statt des erfahrenen Hans Tilkowski den jungen Wolfgang Fahrian vom TSG Ulm ins Tor zu stellen. Fahrian feierte am Tag seines ersten WM-Einsatzes seinen 21. Geburtstag und ließ kein Tor der italienischen Gegner zu. Sepp Herbergers Elf schied im Viertelfinale gegen Jugoslawien aus.
Finale: Brasilien – Tschechoslowakei 3 : 1

England 1966

Mit dem Löwen „World Cup Willie" gab es erstmals ein offizielles WM-Maskottchen – und Willie brachte vor allem den Gastgebern Glück: Die Engländer erreichten das Halbfinale, ohne ein Gegentor kassiert zu haben. Titelverteidiger Brasilien war bereits überraschend nach der Vorrunde ausgeschieden. Das berühmte Wembley-Tor (→ S. 26) verhalf England im Finale gegen Deutschland zum Sieg.
Finale: England – Bundesrepublik Deutschland 4 : 2 n. V.

Mexiko 1970

Trotz großer Hitze in Mexiko bekamen die Zuschauer erstklassigen Fußball geboten – unter anderem im spannenden Halbfinalkrimi Italien gegen die Bundesrepublik Deutschland: Erst in letzter Minute gelang den Deutschen der Ausgleich zum 1 : 1. Das Spiel ging in die Verlängerung, in der noch fünf Tore fielen bis zum 4 : 3-Endstand für Italien. Eine Tafel am Aztekenstadion in Mexiko City erinnert noch heute an das „Jahrhundertspiel". Der deutsche Stürmer Gerd Müller wurde mit zehn WM-Treffern Torschützenkönig des Turniers.
Finale: Brasilien – Italien 4 : 1

Deutschland 1974

Die bundesdeutsche Nationalmannschaft startete als Favorit in die WM. Doch ausgerechnet gegen die Nationalelf der DDR musste die Mannschaft um „Kaiser" Franz Beckenbauer in ihrem dritten Spiel eine Niederlage einstecken. Beide Teams kamen weiter, aber die Chancen der Bundesrepublik auf den Weltmeistertitel wurden infrage gestellt. Nach Veränderungen in der Startelf schaffte es die Mannschaft doch ins Finale und schlug die starken Niederländer um „König Johan" Cruyff.
Finale: Niederlande - Bundesrepublik Deutschland 1 : 2

Sepp Maier hält gegen Johan Cruyff.

Argentinien 1978

„I wer' narrisch. Krankl schießt ein – 3 : 2 für Österreich!", schrie der österreichische Reporter Edi Finger ins Radiomikrofon. In der zweiten Runde der WM 1978 besiegte Österreich die Bundesrepublik Deutschland völlig unerwartet. Für Titelverteidiger Deutschland eine Blamage, die als „Schmach von Córdoba" in die deutsche Fußballgeschichte einging. Für die Österreicher war es das „Wunder von Córdoba". Beide Mannschaften schieden aus dem Turnier aus.
Finale: Argentinien – Niederlande 3 : 1 n. V.

Mexiko 1986

Star der WM 1986 war der Argentinier Diego Maradona, der großen Anteil am WM-Sieg seines Teams hatte. Maradona erzielte fünf Turniertore und wurde als bester Spieler ausgezeichnet. Ein Treffer im Viertelfinale gegen England war allerdings nicht fair: Maradona hatte den Ball mit der Hand ins Tor gelenkt, doch das war dem Schiedsrichter entgangen. Nach dem Spiel sprach Diego Maradona von der „Hand Gottes", die beim Treffer geholfen habe.
Finale: Argentinien – Bundesrepublik Deutschland 3 : 2

Spanien 1982

1982 sahen die Zuschauer ein dramatisches Halbfinale der bundesdeutschen Mannschaft gegen Frankreich. Es stand 1 : 1, als der deutsche Torhüter Harald „Toni" Schumacher – angestachelt vom Wunsch, unbedingt das Finale zu erreichen – rücksichtslos in einen französischen Angreifer sprang. Er brach dem Franzosen Patrick Battiston dabei einen Wirbel an und schlug ihm zwei Zähne aus. Im Spiel, das schließlich nach Verlängerung und Elfmeterschießen 8 : 7 für Deutschland endete, kam Schumacher ungeschoren davon. Später entschuldigte er sich bei Battiston.
Finale: Italien – Bundesrepublik Deutschland 3 : 1

Diego Maradona und die „Hand Gottes".

Italien 1990

Mit dieser WM schrieb Franz Beckenbauer erneut Fußballgeschichte: Weltmeister als Spieler und als Trainer – das war nur einem Mann zuvor gelungen, dem Brasilianer Mario Zagallo. 1974 hatte Beckenbauer als Kapitän auf dem Platz gestanden, 1990 führte er die deutsche Nationalmannschaft als Bundestrainer zum dritten WM-Erfolg. Andreas Brehme verwandelte im Finale einen Strafstoß zum Siegtreffer.
Finale: Bundesrepublik Deutschland – Argentinien 1 : 0

USA 1994

Die Finalteilnehmer Brasilien und Italien waren beide bereits dreifacher Weltmeister. Nach regulärer Spielzeit und Verlängerung stand es noch immer 0 : 0 und erstmals entschied ein Elfmeterschießen über den WM-Sieg. Pechvogel des Spiels war der Italiener Roberto Baggio – er schoss den entscheidenden Elfmeter übers Tor und die Brasilianer holten ihren vierten WM-Titel.
Finale: Brasilien – Italien 0 : 0 n. V., 3 : 2 i. E.

Frankreich 1998

Bei der WM 1998 war im Viertelfinale Schluss für die deutsche Mannschaft: Nachdem Verteidiger Christian Wörns einen Platzverweis erhalten hatte, verloren die Deutschen 0 : 3 gegen Kroatien. Einen der Treffer erzielte der Kroate Davor Suker, der schließlich Torschützenkönig des Turniers wurde.
Frankreichs Star Zinédine Zidane beeindruckte die Zuschauer und verhalf seinem Team mit zwei Finaltoren zum WM-Titel.
Finale: Brasilien – Frankreich 0 : 3

Korea/Japan 2002

Torhüter Oliver Kahn war in überragend guter Form: Ein einziges Tor hatten die Deutschen auf dem Weg ins Finale kassiert, beim 1 : 1 gegen Irland in der Gruppenphase. Doch im Endspiel gelangen dem Brasilianer Ronaldo dann zwei Treffer gegen den Torwart-„Titan", was der Seleção ihren fünften WM-Sieg sicherte. Torschützenkönig Ronaldo traf acht Mal. Vier Jahre später zog er mit drei weiteren WM-Toren an Rekordhalter Gerd Müller vorbei:
Finale: Deutschland – Brasilien 0 : 2

Deutschland 2006

Die Deutschen zeigten sich beim „Sommermärchen" als gute Gastgeber und feierten ein rauschendes Fußballfest mit Besuchern aus aller Welt. Zwar verlor die deutsche Elf im Halbfinale gegen Italien, doch das war beim Spiel um den dritten Platz schon fast vergessen. Mit 3 : 1 besiegte die deutsche Mannschaft Portugal und wurde als „Weltmeister der Herzen" von ihren Fans gefeiert.
Finale: Italien – Frankreich 1 : 1 n. V., 5 : 3 i. E.

Südafrika 2010

Mit großer Begeisterung und lauten Kunststofftrompeten, den Vuvuzelas, feuerten die Afrikaner nicht nur die südafrikanische Nationalmannschaft an. Ihre „Bafana Bafana" schaffte es bei dieser ersten WM auf dem afrikanischen Kontinent leider nicht über die Gruppenphase hinaus. Die deutsche Elf kämpfte schließlich erneut um Platz drei – und erreichte ihn auch mit einem 3 : 2 gegen Uruguay. Am Ende jubelten die Spanier: Sie wurden zum ersten Mal Weltmeister.
Finale: Niederlande – Spanien 0 : 1 n. V.

Brasilien 2014

Nach 24 Jahren ohne Weltmeistertitel wurde für die deutsche Mannschaft am 13. Juli 2014 ein lang gehegter Traum wahr. In der dramatischen Verlängerung des Finales gegen Argentinien schrieb Mario Götze mit seinem Tor in der 113. Spielminute Fußballgeschichte – Deutschland war zum vierten Mal Weltmeister! Der Titeltraum des Gastgebers hingegen endete in einem für Spieler und Fans unfassbaren Debakel: In einem spektakulären Halbfinale besiegte die deutsche Mannschaft Brasilien mit 7 : 1.
Finale: Deutschland – Argentinien 1 : 0 n. V.

Russland 2018

Diese WM sollte nicht die der deutschen Elf sein. Erstmals in ihrer WM-Geschichte schied die Mannschaft bereits in der Vorrunde aus – und das auch noch als Gruppenletzter. Damit setzte sich ein Trend fort: Bei den letzten drei WM-Endrunden erreichte der amtierende Weltmeister jeweils nicht das Achtelfinale. 2010 traf es Italien, 2014 Spanien und 2018 dann Deutschland.
Finale: Frankreich – Kroatien 4 : 2

Katar 2022

Aufgrund der Klimabedingungen im Gastgeberland wurde das Turnier erstmals im Winter ausgetragen. In Katar ging Deutschland zum 20. Mal bei einer WM-Endrunde an den Start. Es gab aber keinen Grund zu feiern: Die deutsche Mannschaft schied erneut nach der Vorrunde aus. Japan überraschte in der Gruppe und zog als Erstplatzierter vor Spanien ins Achtelfinale. Argentinien holte sich in einem denkwürdigen Finale im Elfmeterschießen den dritten Weltmeister-Titel.
Finale: Argentinien – Frankreich 3 : 3 n.V., 4 : 3 i. E.

Die Europameisterschaft

Zum europäischen Fußballfest mit begeisterten Zuschauern hat sich die UEFA Europameisterschaft seit 1960 entwickelt. Sie findet alle vier Jahre statt. Anfangs kamen nur vier Teams in die Endrunde – bei der EM 2016 in Frankreich traten erstmals 24 europäische Nationalmannschaften gegeneinander an.

Der Beginn

1954 schlug die französische Sportzeitung L'Équipe die Austragung einer Fußball-Europameisterschaft vor. Unterstützt wurde die Idee vom damaligen UEFA-Generalsekretär Henri Delaunay. Nach dessen Tod setzte sich sein Sohn Pierre weiter für einen „Europapokal der Nationen" ein. Am 28. September 1958 war es dann so weit: Das erste Spiel konnte in Moskau angepfiffen werden. Das gesamte Turnier lief über 22 Monate mit einer Endrunde, die im Juli 1960 in Frankreich stattfand.

Der Henri-Delaunay-Pokal

Die EM-Trophäe ist benannt nach dem ersten UEFA-Generalsekretär. Der erste Pokal wurde 1960 entworfen. Weil die UEFA ihn inzwischen zu klein fand, wurde das Design für die Europameisterschaft 2008 und folgende Austragungen aktualisiert. Jetzt ist der Silberpokal 18 Zentimeter gewachsen und wiegt zwei Kilogramm mehr.

Bisherige EM-Siege

Spanien	3
Deutschland	3
Frankreich	2
Italien	2
Portugal	1
Griechenland	1
Dänemark	1
Niederlande	1
Tschechoslowakei	1
Sowjetunion	1

Zwischen zwei Weltmeisterschaften ist der Neuaufbau einer starken Nationalelf die erste Aufgabe. **Da stört** ein Europaturnier **bloß.**

Sepp Herberger

4 Minuten dauerte es, bis 1958 das erste Tor im Rahmen einer Europameisterschaft fiel. Torschütze war Anatoli Ilyin, Sowjetunion, im Spiel gegen Ungarn.

Später Start

Bundestrainer Sepp Herberger hatte kein Interesse, am „Europapokal der Nationen" 1960 und 1964 teilzunehmen. Er nannte ihn „reine Zeitverschwendung". Als die bundesdeutsche Nationalmannschaft, betreut von Herberger-Nachfolger Helmut Schön, dann in der Qualifikationsphase für die Europameisterschaft 1968 antrat, scheiterte sie an Albanien. 1972 gelang dann endlich die erste EM-Teilnahme – und führte auch gleich zum Turniersieg (→ S. 120).

EM-Maskottchen

2024	Albärt	Teddybär mit buntem Trikot und roten Fußballschuhen
2020	Skillzy	Freestyle-Fußballer, der alle zwölf Austragungsländer repräsentiert
2016	Super Victor	Junge mit Superhelden-Umhang, Frankreichtrikot, Fußballschuhen und Ball
2012	Slavek und Slavko	Polnisch-ukrainische Fußballzwillinge mit Punkfrisur
2008	Trix und Flix	Österreichisch-schweizerische Fußballzwillinge mit Zackenkopf
2004	Kinas	Junge
2000	Benelucky	Mischung aus Löwe und Teufel
1996	Goaliath	Löwe
1992	Kaninchen	Kaninchen
1988	Berni	Hase
1984	Peno	Hahn

Kapitän Jürgen Klinsmann und Torwart Andreas Köpke zeigen am 30. Juni 1996 nach der Siegerehrung durch Queen Elizabeth II. im Wembley-Stadion (London) stolz den EM-Pokal.

Bastian Schweinsteiger ringt im Halbfinale der EM 2016 mit Fankreichs Olivier Giroud. Deutschland unterlag mit 0 : 2, Frankreich im Finale später mit 0 : 1 gegen Portugal.

EM-Austragungsorte

1960, 1984, 2016	Frankreich	1996	England
1964	Spanien	2000	Belgien/Niederlande
1968, 1980	Italien	2004	Portugal
1972	Belgien	2008	Österreich/Schweiz
1976	Jugoslawien	2012	Polen/Ukraine
1988	Bundesrepublik Deutschland	2020	in 12 europäischen Ländern
1992	Schweden	2024	Deutschland

EM-Höhepunkte

Frankreich 1960

Der erste „Europapokal der Nationen“ hätte fast nicht stattgefunden, weil sich zu wenige Länder dafür anmeldeten. Einige Nachzügler machten den Turnierstart dann doch noch möglich, die Bundesrepublik Deutschland war aber nicht dabei. Den ersten Titel gewann schließlich die Sowjetunion – nicht zuletzt dank ihres großartigen Torhüters Lew Jaschin.
Finale: Sowjetunion – Jugoslawien 2 : 1 n. V.

Spanien 1964

Auch die zweite Austragung lief noch unter dem Namen „Europapokal der Nationen“ und fand ohne die Bundesrepublik Deutschland statt. Die Nationalmannschaft der DDR schied – wie vier Jahre zuvor – im Achtelfinale aus. Spanien sicherte sich vor heimischer Kulisse den Titel.
Finale: Spanien – Sowjetunion 2 : 1

Gerd Müller trifft zum 1 : 0 im EM-Finale 1972 gegen die Sowjetunion.

Italien 1968

Bei der ersten Austragung als „UEFA Europameisterschaft“ startete auch die bundesdeutsche Nationalelf in der Qualifikationsphase, schied jedoch nach einem 0 : 0 gegen Albanien aus. Im Finale zwischen Italien und Jugoslawien stand es nach Verlängerung 1 : 1. Elfmeterschießen war noch nicht vorgesehen. Deshalb kam es zwei Tage später zu einem Wiederholungsspiel. Das Halbfinale zwischen Italien und der Sowjetunion war nach 120 Minuten ohne ein Tor durch einen Münzwurf entschieden worden.
Finale: Italien – Jugoslawien 2 : 0

Belgien 1972

Gerd Müller trug entscheidend zum ersten EM-Sieg der Bundesrepublik Deutschland bei: Im Halbfinale gegen Belgien erzielte er zwei Treffer und auch im Finale gegen die Sowjetunion gingen zwei Tore auf sein Konto. Zur hochkarätig besetzten deutschen Mannschaft gehörten auch Franz Beckenbauer, Günter Netzer, Sepp Maier, Paul Breitner, Hans-Georg Schwarzenbeck, Jupp Heynckes und Uli Hoeneß.
Finale: Bundesrepublik Deutschland – Sowjetunion 3 : 0

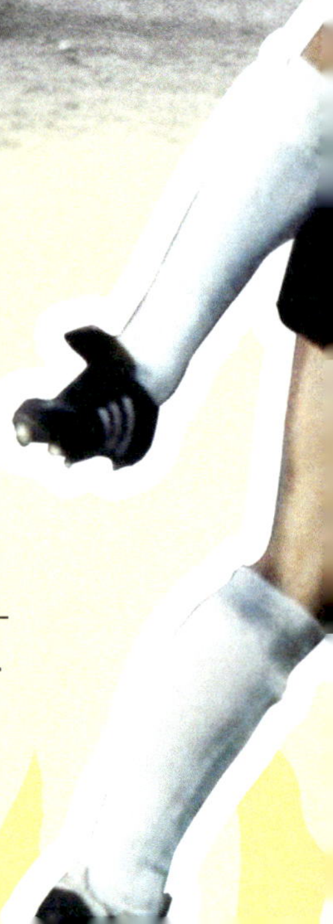

Jugoslawien 1976

Die bundesdeutsche Mannschaft war amtierender Welt- und Europameister, startete somit als Favorit in die EM und erreichte schließlich das Endspiel. Zum ersten Mal in einem großen internationalen Turnier wurde das Finale durch Elfmeterschießen entschieden. Uli Hoeneß verschoss den vierten Elfmeter der Deutschen und Torhüter Sepp Maier musste sich am Ende Antonín Panenka geschlagen geben, der den entscheidenden Elfer für die Tschechoslowakei ins Tor lupfte.
Finale: Tschechoslowakei – Bundesrepublik Deutschland 2 : 2 n. V., 5 : 3 i. E.

Der französische Mannschaftskapitän Michel Platini erzielte 1984 neun Treffer in der EM-Endrunde, was ihm bisher keiner nachmachen konnte.

Italien 1980

Mit „Pinocchio“ kam das erste offizielle EM-Maskottchen zum Einsatz und es brachte der bundesdeutschen Mannschaft Glück im Unglück: Acht Wochen vor Beginn der EM war Horst Hrubesch in den Kader gekommen, weil der Stürmer Klaus Fischer wegen eines Beinbruchs ausfiel. Im Finale erzielte Hrubesch zwei Treffer und sicherte seinem Team den Titel. Den ersten schoss Hrubesch bereits in der 10. Minute ins Netz des belgischen Torwarts Jean-Marie Pfaff, den zweiten köpfte das „Kopfballungeheuer“ in der 89. Minute nach einer Ecke von Karl-Heinz Rummenigge ins Tor.
Finale: Belgien – Bundesrepublik Deutschland 1 : 2

Hansi Müller (oben), Bernd Schuster (Nr. 6) und Hans-Peter Briegel (Nr. 2) bejubeln den zweifachen Torschützen Horst Hrubesch.

Frankreich 1984

Bei der WM zwei Jahre zuvor waren die Franzosen im Halbfinale beim Elfmeterschießen an der bundesdeutschen Mannschaft gescheitert. Jetzt wollten sie mehr – und schafften es auch. Sie erkämpften vor heimischer Kulisse ihren ersten internationalen Titel.
Das bundesdeutsche Team kam nicht über die Gruppenphase hinaus. Trainer Jupp Derwall trat in der Folge zurück und Franz Beckenbauer wurde neuer Teamchef.
Finale: Frankreich – Spanien 2 : 0

Deutschland 1988

Als Gastgeber war die bundesdeutsche Mannschaft automatisch für die Endrunde qualifiziert. Im Halbfinale trafen die Deutschen auf die Niederlande. Seit dem WM-Finale 1974, das ebenfalls in Deutschland zwischen den beiden Mannschaften ausgetragen wurde, gelten die beiden Teams als große Fußballrivalen. Marco van Basten, Torschützenkönig des Turniers, erzielte den Siegtreffer zum 2 : 1 für die Niederlande.
Finale: Sowjetunion – Niederlande 0 : 2

Mit den Dänen hatte 1992 keiner gerechnet: Torschütze Kim Vilfort (Dänemark) wird nach seinem 2 : 0 gegen Deutschland von seinen Teamkollegen fast „erdrückt".

Schweden 1992

Mit den Außenseitern aus Dänemark hatte keiner gerechnet – doch sie sorgten in diesem Turnier für die große Überraschung: Sie siegten gegen Frankreich sowie den amtierenden Europameister, die Niederlande, und schlugen schließlich im Finale den Weltmeister Deutschland. Dabei wäre Dänemark eigentlich gar nicht bei der EM dabei gewesen – die Nationalelf hatte die Qualifikation nicht geschafft. Doch dann wurde Jugoslawien aus politischen Gründen kurzfristig vom Turnier ausgeschlossen und die Dänen rückten nach.
Finale: Dänemark – Deutschland 2 : 0

Oliver Bierhoff zieht ab und erzielt am 30. Juni 1996 in der 95. Spielminute sein Golden Goal.

England 1996

Beim Turnier im „Mutterland des Fußballs" erreichten die Deutschen dank Torhüter Andreas Köpke das Viertelfinale, ohne in der Gruppenphase der Endrunde ein Gegentor kassiert zu haben. Im Finale half ihnen eine neue Regel zum Titelgewinn – das „Golden Goal": In der Verlängerung sollte das erste Tor über den Sieg entscheiden. Oliver Bierhoffs erstes Golden Goal ging in die Fußballgeschichte ein und brachte den Deutschen ihren dritten EM-Sieg.
Finale: Tschechische Republik – Deutschland 1 : 2 G. G.

Belgien/Niederlande 2000

Diese EM-Ausgabe wurde ebenfalls durch Golden Goal entschieden – zum zweiten und bislang letzten Mal. Der Treffer des Franzosen David Trezeguet machte die französische Elf zum ersten Team, das als amtierender Weltmeister auch Europameister wurde. Bis dahin war der Gewinn dieser beiden Titel nacheinander nur Deutschland 1972 und 1974 in umgekehrter Reihenfolge gelungen.
Erstmals in der EM-Geschichte gab es mit Belgien und den Niederlanden zwei Gastgeberländer.
Finale: Frankreich – Italien 2 : 1 G. G.

Portugal 2004

Die deutsche Nationalmannschaft kam nicht über die Gruppenphase hinaus – und trotzdem gewann ein Deutscher: Otto Rehhagel, damals Trainer der griechischen Nationalelf, holte mit seinem Team überraschend den EM-Sieg. Mit zwei Niederlagen waren die Griechen in die Qualifikation gestartet, doch dann legten sie eine Serie von sechs Siegen hin und erreichten die Endrunde. Außenseiter Griechenland triumphierte gleich zweimal über den Gastgeber Portugal: beim Eröffnungsspiel und im Finale. Der Erfolg verschaffte Rehhagel den Spitznamen „Rehakles" – in Anlehnung an den griechischen Helden Herakles.
Finale: Portugal – Griechenland 0 : 1

Österreich/Schweiz 2008

Bundestrainer Joachim Löw erhielt im Gruppenspiel gegen Österreich einen Platzverweis – sein österreichischer Kollege Josef Hickersberger und er hatten mit dem Vierten Offiziellen gestritten und mussten den Rest des Spiels von der Tribüne aus verfolgen. Fürs Viertelfinale gegen Portugal wurde Löw deshalb sogar gesperrt und jeder Kontakt zu seinen Spielern war ihm im Stadion bis zum Abpfiff verboten. Assistent Hans-Dieter Flick vertrat ihn an der Seitenlinie. Die Deutschen erreichten das Halbfinale und schließlich das Finale, wo sie sich den durchweg überzeugenden Spaniern geschlagen geben mussten.
Finale: Deutschland – Spanien 0 : 1

Polen/Ukraine 2012

Vier Jahre zuvor hatten die Spanier bei der Europameisterschaft 2008 nach 44 Jahren endlich wieder einen internationalen Titel gewonnen, 2010 folgte der Sieg in der Weltmeisterschaft. Bei der EM 2012 setzten sie ihre Erfolgsserie fort und wiederholten ihren EM-Triumph. Spanien ist damit die erste Mannschaft, die ihren EM-Titel verteidigen konnte und drei große Turniersiege in Folge feiern durfte.
Finale: Spanien – Italien 4 : 0

Frankreich 2016

Erstmals kämpften 24 Mannschaften um den Titel. Gastgeber Frankreich war automatisch qualifiziert – und schaffte es erfolgreich bis ins Finale. Dort musste sich das Team allerdings Portugal geschlagen geben, das den ersten großen Titel seiner Fußballgeschichte gewann. In einem dramatischen Spiel – Superstar Cristiano Ronaldo musste in der ersten Hälfte nach einer Verletzung vom Platz – erzielte der eingewechselte Stürmer Éder in der Verlängerung (109. Minute) das 1 : 0.
Finale: Portugal – Frankreich 1 : 0 n. V.

Europa 2020

2020 feierte die UEFA ihr 60-jähriges Bestehen. Zum Jubiläum fand die Europameisterschaft in 12 Städten statt. Gastgeber waren: Amsterdam (Niederlande), Bilbao (Spanien), Brüssel (Belgien), Budapest (Ungarn), Bukarest (Rumänien), Dublin (Irland), Glasgow (Schottland), Kopenhagen (Dänemark), München (Deutschland), London (Vereinigtes Königreich), Rom (Italien) und Sankt Petersburg (Russland). Das Eröffnungsspiel fand am 12.06.2020 im Olympiastadion in Rom statt. Austragungsort für das Endspiel war das Wembley-Stadion in London.

Geschafft! Bei der Europameisterschaft 2016 gewann das portugiesische Team zum ersten Mal einen wichtigen internationalen Titel.

Die Frauen-Nationalmannschaft

Trotz ihrer jungen Geschichte hat die deutsche Frauen-Nationalmannschaft bereits mit zahlreichen großen Titeln auf sich aufmerksam gemacht. Sie gehört zu den erfolgreichsten Teams der Welt.

2013 setzten sich die deutschen Frauen im EM-Finale gegen Norwegen knapp mit 1 : 0 durch. Damit konnten sie ihren achten EM-Titel – und den sechsten in Folge – feiern.

Die größten Erfolge der deutschen Elf

Zweimal Weltmeisterinnen	2003, 2007
Einmal Vize-Weltmeisterinnen	1995
Achtmal Europameisterinnen	1989, 1991, 1995, 1997, 2001, 2005, 2009, 2013
Einmal Vize-Europameisterinnen	2022
Einmal Gold bei den Olympischen Spielen	2016
Dreimal Bronze bei den Olympischen Spielen	2000, 2004, 2008
Deutschlands Mannschaft des Jahres	2003, 2009

‚Man of the Match‘ werde ich, glaube ich, nie werden.

Nationalspielerin Annike Krahn

Vom DFB verboten

Ab 1956 nahmen deutsche Frauen an Länderspielen teil – inoffiziell, denn der DFB hatte Frauenfußball 1955 verboten: „Aus grundsätzlichen Erwägungen und ästhetischen Gründen" war es Vereinen untersagt, Abteilungen für Frauenfußball zu gründen und Frauen Plätze für Spiele zur Verfügung zu stellen. Zahlreiche Frauen und Mädchen ließen sich dadurch nicht vom Fußballspielen abhalten. Es entstanden verschiedene Frauenfußball-Vereine, -Verbände und -Abteilungen. Die erste inoffizielle Frauenfußball-Weltmeisterschaft fand im Juli 1970 in Italien statt. Als bundesdeutsches Team traten die Frauen vom SC Bad Neuenahr an. Im Oktober 1970 hob der DFB sein Verbot endlich auf – auch um der Gründung eines eigenen übergeordneten Verbandes durch die Fußballerinnen zuvorzukommen. Zur inoffiziellen Frauenfußball-WM 1981 in Taiwan schickte der DFB die Deutschen Meisterinnen von der SSG 09 Bergisch Gladbach – und sie gewannen das Turnier. Erst 1982 wurde offiziell eine Frauen-Nationalmannschaft gegründet.

Rekordtorschützin Birgit Prinz im Jahr 2010 bei einem Länderspiel gegen Kanada. 2013 wurde sie als zweite Frau zur Ehrenspielführerin des DFB ernannt.

DDR-Frauen-Nationalmannschaft

Die Frauen-Nationalelf der DDR wurde 1989 gegründet und bestritt nur ein einziges Länderspiel: am 9. Mai 1990 gegen die Tschechoslowakei. Die Partie in Potsdam endete mit einer 0 : 3-Niederlage.

Erstes offizielles Länderspiel

Im November 1982 fand vor 5 000 Zuschauern das erste Spiel der DFB-Auswahl statt: Im Koblenzer Stadion Oberwerth kickte sie 2 x 35 Minuten gegen die Schweiz und siegte mit 5 : 1. Zwei Tore erzielte die spätere Bundestrainerin Silvia Neid.

128 Länderspieltore erzielte Rekord-Kickerin Birgit Prinz – mehr als alle anderen deutschen Nationalspielerinnen und -spieler.

Bundestrainer/-innen

2018–2023	Martina Voss-Tecklenburg
2018–2018	Horst Hrubesch
2016–2018	Steffi Jones
2005–2016	Silvia Neid
1996 – 2005	Tina Theune
1982 – 1996	Gero Bisanz

Bettina Wiegmann

Kurz vor ihrem 18. Geburtstag stand Bettina Wiegmann zum ersten Mal für die Frauen-Nationalmannschaft auf dem Platz. Danach war die torgefährliche Spielmacherin für große Erfolge der Nationalelf mitverantwortlich. Sie war bei 154 Länderspielen dabei – überholte als erste Lothar Matthäus und seinen Länderspielrekord – und erzielte 51 Tore. Als erste Frau wurde Bettina Wiegmann, auf Vorschlag von Franz Beckenbauer, zur Ehrenspielführerin des DFB ernannt. Weiter zählt sie zur weiblichen Gründungself der *Hall of Fame* des DFB. Die *Hall of Fame* würdigt die größten Legenden des deutschen Fußballs erstmals zentral an einem Ort.

Geboren am: 7. Oktober 1971 in Euskirchen
Größe: 1,70 m
Position: Mittelfeld

Erfolge als Spielerin (Auswahl):

2003	Weltmeisterin
1995	Vize-Weltmeisterin
1991, 1995, 1997, 2001	Europameisterin
2000	Bronzemedaille bei den Olympischen Spielen
1997	Deutsche Meisterschaft und DFB-Pokal mit Grün-Weiß Brauweiler
1991, 1994	DFB-Pokal mit Grün-Weiß Brauweiler
1994	Supercup mit Grün-Weiß Brauweiler

Stationen als Trainerin:

2003 – 2007	Verbandstrainerin Mittelrhein
Seit 2007	Trainerin U15-Juniorinnen
Seit 2004	Co-Trainerin U19- und U20-Frauen

Die Frauen-Weltmeisterschaft

Nachdem die FIFA 1988 in China eine „Test-WM“ durchgeführt hatte, richtete sie 1991 dort die erste offizielle Frauen-Weltmeisterschaft aus. Zwölf Länder nahmen daran teil. Seitdem findet das Turnier alle vier Jahre statt. 1991 spielten die Frauen 2 x 40 Minuten, seit 1995 gilt die gleiche Spieldauer wie bei den Männern.

Frauen-WM-Highlights

China 1991

Silvia Neid schoss das erste deutsche Tor bei einer FIFA Frauen-Weltmeisterschaft. Die deutschen Frauen scheiterten im Halbfinale an den späteren Weltmeisterinnen aus den USA.
Finale: Norwegen – USA 1 : 2

USA 1999

Erstmals traten 16 Teams in der Endrunde an. Das Interesse an der Frauen-WM war so groß wie nie zuvor – über 90 000 Zuschauer kamen allein zum Endspiel ins Stadion. Die Gastgeberinnen entschieden das Finale gegen China im Elfmeterschießen für sich.
Finale: USA – China 0 : 0 n. V., 5 : 4 i. E.

Bisherige WM-Siege

USA	4
Deutschland	2
Japan	1
Norwegen	1
Spanien	1

Schweden 1995

Die deutsche Nationalelf erreichte das Finale, doch am Ende triumphierten die Gegnerinnen aus Norwegen.
Finale: Deutschland – Norwegen 0 : 2

USA 2003

Die deutsche Nationalspielerin Nia Künzer beendete das Finale gegen Schweden mit einem Golden Goal – die deutschen Frauen holten ihren ersten WM-Titel. Sie wurden nach ihrer Rückkehr begeistert auf dem Frankfurter Rathausplatz, am Römer, gefeiert.
Finale: Deutschland – Schweden 2 : 1 G. G.

Nia Künzer erzielte in der 98. Minute das Golden Goal gegen Schweden.

China 2007

Das deutsche Team startete mit einem 11 : 0-Sieg gegen Argentinien ins Turnier und kickte sich bis ins Finale gegen Brasilien. Deutschland konnte als erstes Team seinen Frauen-WM-Titel verteidigen.
Finale: Deutschland – Brasilien 2 : 0

Bisherige EM-Siege

Deutschland	8
Norwegen	2
Schweden	1
Niederlande	1
England	1

4 Millionen ARD-Fernsehzuschauer sahen das Frauen-EM-Halbfinale 1989 zwischen Deutschland und Italien. Es war die erste Live-Übertragung eines Frauen-Nationalmannschaftsspiels im deutschen Fernsehen.

Siegprämie Kaffeeservice: Nach dem Gewinn des EM-Titels 1989 schenkte der DFB den deutschen Spielerinnen ein geblümtes Kaffeeservice. Es war Zweite-Wahl-Ware, also mit kleinen Produktionsfehlern. Auch Trainer Gero Bisanz bekam diese Prämie. Bei der WM 2015 hätte die Siegprämie für die Frauen bei erfolgreichem Abschneiden 65 000 Euro betragen.

Die US-Spielerinnen feiern ihren Weltmeistertitel nach dem Finale gegen die Niederlande im Juli 2019.

Deutschland 2011

Hohe Erwartungen hatte man an die deutsche Elf bei der ersten Frauen-WM im eigenen Land. Leider war im Viertelfinale Schluss für die deutsche Frauen-Nationalmannschaft. Die neuen Weltmeisterinnen kamen aus Japan.
Finale: Japan – USA 2 : 2 n. V., 3 : 1 i. E.

Kanada 2015

Der Traum vom Finale platzte für die deutschen Spielerinnen im Halbfinale. Mit 0 : 2 mussten sie sich den späteren Weltmeisterinnen aus den USA geschlagen geben. Diese setzten sich in einem furiosen Endspiel mit 5 : 2 gegen die Japanerinnen durch und revanchierten sich damit für das verlorene WM-Finale 2011 in Frankfurt.
Finale: USA – Japan 5 : 2

Frankreich 2019

Wie 2011 verabschiedete sich die deutsche Mannschaft bereits im Viertelfinale von der WM. Das junge DFB-Team verlor das Spiel gegen Schweden mit 1:2. Titelverteidiger USA setze sich im Finale gegen die Niederlande durch und feierte den vierten WM-Titel.
Finale: USA – Niederlande 2 : 0

Australien und Neuseeland 2023

Die deutsche Mannschaft scheiterte bereits früh und kam das erste Mal seit ihrer Teilnahme an Weltmeisterschaften nicht über die Gruppenphase hinaus. In einem hochklassigen Finale gegen die amtierenden Europameisterinnen aus England holten sich die Spanierinnen ihren ersten WM-Titel.
Finale: Spanien – England 1 : 0

Die Frauen-Europameisterschaft

Die erste offizielle „Europäische Meisterschaft für Frauenfußball" der UEFA wurde zwischen 1982 und 1984 ausgetragen und von den Schwedinnen gewonnen. Bei der zweiten Ausgabe fand 1987 eine Endrunde der vier Gruppenersten in Norwegen statt. Vor heimischer Kulisse siegten die Gastgeberinnen. 1989 kamen wieder vier Teams in die Endrunde und die bundesdeutsche Elf war eines von ihnen. Im eigenen Land holte sie ihren ersten Titel. Zwei Jahre später wurde das Turnier erstmals unter dem Namen „UEFA-Europameisterschaft für Frauen" ausgetragen. Und die deutsche Frauen-Nationalelf (seit der deutschen Wiedervereinigung gab es nur noch eine Mannschaft) konnte den Titel verteidigen. 1993 feierten die Norwegerinnen ihren zweiten EM-Sieg. 1995 wurde die Spielzeit von 2 x 40 auf 2 x 45 Minuten verlängert. Das Finale fand in Kaiserslautern statt und die Deutschen gewannen erneut im eigenen Land. 1997 wurde erstmalig eine Endrunde mit acht Teams gespielt. Das Turnier wurde ab jetzt im Vier-Jahres-Rhythmus durchgeführt – und bis einschließlich 2013 siegten immer die Deutschen! Ab 2009 nahmen 12 Teams an der Endrunde teil, 2017 waren es erstmals 16.

Die Weltmeisterschaft 2023

Vom 20. Juli bis 20. August 2023 fand die Endrunde der 9. Fußball-Weltmeisterschaft der Frauen in Australien und Neuseeland statt. Erstmalig nahmen – wie bei den Männern seit vielen Jahren üblich – 32 Mannschaften teil. Eine weitere positive Entwicklung ist die Verdoppelung der Preisgelder. So erhielten die Siegerinnen ca. 250 000 Euro. Bis zum Erreichen des Niveaus bei den Männern ist es aber noch ein weiter Weg.

Austragungsorte

Gespielt wurde an neun Spielorten in zehn Stadien. Neben Sydney, wo in zwei Stadien der Ball rollte, fanden die Begegnungen in Australien in Adelaide, Brisbane, Melbourne und Perth statt. Die WM-Stadien Neuseelands begrüßten die Fans in Auckland, Dunedin, Hamilton und Wellington.

Die WM 2023 auf einen Blick

Wann? 20. Juli – 20. August 2023
Wo? Australien und Neuseeland
Spielstätten: 10
Weltmeister: Spanien
Vize-Weltmeister: England

Gruppe H

		TD	P
1.	Kolumbien	2	6
2.	Marokko	-4	6
3.	Deutschland	5	4
4.	Südkorea	-3	1

(TD = Tordifferenz / P = Punkte)

Das Aus in der Gruppenphase für das deutsche Team

Mit einem torreichen 6 : 0 gegen Marokko startete die deutsche Elf am 24. Juli in Melbourne in die Vorrunde der Weltmeisterschaft. Knapp eine Woche später folgte in Sydney der Dämpfer. Die DFB-Frauen unterlagen der kämpferischen Mannschaft aus Kolumbien mit 1 : 2. Den Siegtreffer köpfte Manuela Vanegas bei der letzten Aktion in der siebten Minute der Nachspielzeit ins Netz. Mit einem Sieg im dritten Spiel hätte das deutsche Team das Ticket ins Achtelfinale lösen können. Doch es kam am 3. August in Brisbane anders. Mit einem 1 : 1 gegen Südkorea verabschiedete sich Deutschland als Gruppendritter aus dem Turnier. Kolumbien holte sich vor Marokko den Gruppensieg.

Frühes Aus für große Mannschaften

Titelverteidiger USA galt als größter Favorit auf den Pokal. Überraschend verabschiedete sich das Team bereits im Achtelfinale gegen Schweden (5 : 4 i. E.). Wie auch Deutschland scheiterten Mitfavorit Brasilien und der amtierende Olympiasieger Kanada bereits in der Gruppenphase. Auch die Engländerinnen strauchelten: In einer Zitterpartie im Achtelfinale gegen Nigeria konnten die „Lionesses" aber ins Viertelfinale und schließlich bis ins Finale weiterziehen.

Die Spanierin Olga Carmona stürmt auf das englische Tor.

Aller guten Dinge sind drei – Spanien holt sich den ersten WM-Titel

Bei ihrer erst dritten WM-Teilnahme belohnten sich die spanischen Frauen nach einem hochklassig gespielten Turnier mit ihrem ersten WM-Sieg. Vor 75 784 Zuschauern ging es am 20. August im *Stadium Australia* in Sydney gegen die amtierenden Europameisterinnen aus England. Den Siegtreffer zum 1 : 0 erzielte Kapitänin Olga Carmona in der 29. Minute. Sie war es auch, die „La Furia Rocha" in der Halbfinalpartie gegen Schweden ins Finale schoss. Zur besten Spielerin des Turniers wurde die Spanierin Aitana Bonmati ausgezeichnet.

Die Weltmeisterinnen 2023 kommen aus Spanien.

WM-Sieger

2022	Argentinien	1978	Argentinien
2018	Frankreich	1974	Deutschland
2014	Deutschland	1970	Brasilien
2010	Spanien	1966	England
2006	Italien	1962	Brasilien
2002	Brasilien	1958	Brasilien
1998	Frankreich	1954	Deutschland
1994	Brasilien	1950	Uruguay
1990	Deutschland	1938	Italien
1986	Argentinien	1934	Italien
1982	Italien		

WM-Siegerinnen

2023	Spanien	2003	Deutschland
2019	USA	1999	USA
2015	USA	1995	Norwegen
2011	Japan	1991	USA
2007	Deutschland		

EM-Sieger

2020	Italien	1988	Niederlande
2016	Portugal	1984	Frankreich
2012	Spanien	1980	Deutschland
2008	Spanien	1976	Tschechoslowakei
2004	Griechenland	1972	Deutschland
2000	Frankreich	1968	Italien
1996	Deutschland	1964	Spanien
1992	Dänemark	1960	Sowjetunion

EM-Siegerinnen

2022	England	1995	Deutschland
2017	Niederlande	1993	Norwegen
2013	Deutschland	1991	Deutschland
2009	Deutschland	1989	Deutschland
2005	Deutschland	1987	Norwegen
2001	Deutschland	1984	Schweden
1997	Deutschland		

WM-Torschützenkönige seit 1998

2022	Kylian Mbappé (Frankreich)	8
2018	Harry Kane (England)	6
2014	James Rodríguez (Kolumbien)	6
2010	Diego Forlán (Uruguay), Thomas Müller (Deutschland), Wesley Sneijder (Niederlande), David Villa (Spanien)	5
2006	Miroslav Klose (Deutschland)	5
2002	Ronaldo (Brasilien)	8
1998	Davor Suker (Kroatien)	6

WM-Torschützenköniginnen seit 1999

2023	Hinata Miyazawa (Japan)	5
2019	Megan Rapinoe (USA), Ellen White (England), Alex Morgan (USA)	6
2015	Célia Šašić (Deutschland)	6
2011	Homare Sawa (Japan)	5
2007	Marta (Brasilien)	7
2003	Birgit Prinz (Deutschland)	7
1999	Sun Wen (China), Sissi (Brasilien)	7

EM-Torschützenkönige seit 1996

2020	Cristiano Ronaldo (Portugal)	4
2016	Antoine Griezmann (Frankreich)	6
2012	Mario Balotelli (Italien), Alan Dsagojew (Russland), Mario Gómez (Deutschland), Mario Mandžukić (Kroatien), Cristiano Ronaldo (Portugal), Fernando Torres (Spanien)	3
2008	David Villa (Spanien)	4
2004	Milan Baroš (Tschechische Republik)	5
2000	Patrick Kluivert (Niederlande) Savo Milošević (Jugoslawien)	5
1996	Alan Shearer (England)	5

EM-Torschützenköniginnen seit 1993

2022	Beth Mead (England) Alexandra Popp (Deutschland)	6
2017	Jodie Taylor (England)	5
2013	Lotta Schelin (Schweden)	5
2009	Inka Grings (Deutschland)	6
2005	Inka Grings (Deutschland)	4
2001	Claudia Müller (Deutschland), Sandra Smisek (Deutschland)	3
1997	Carolina Morace (Italien)	5
1995	Heidi Mohr (Deutschland)	5
1993	Susan Mackensie (Dänemark)	2

EM 2024
in Deutschland

Die Europameisterschaft in Deutschland

Nach der WM ist vor der EM. Knapp 18 Monate nach der Weltmeisterschaft 2022 in Katar findet die Endrunde der 17. UEFA-Europameisterschaft vom 14. Juni bis 14. Juli 2024 statt. Deutschland ist nach 1988 nun zum zweiten Mal Gastgeber der EM. Getreu dem Motto „United by Football. Vereint im Herzen Europas" rollt der Ball in zehn Städten.

Der Weg zur EM

In der Endrunde der Europameisterschaft spielen 24 Teams um den Pokal. Deutschland ist als Gastgeber automatisch gesetzt. Die anderen 53 Mitgliedsverbände spielten von März bis November 2023 in zehn Gruppen die Qualifikation aus. Jeweils der Erst- und Zweitplatzierte erhielt ein EM-Ticket. Die Belegung der drei letzten Plätze wird über die Play-off-Spiele der Nations League im März 2024 entschieden.

EM-Botschafterin Célia Šašić und Turnierdirektor Philipp Lahm sind die Gesichter der UEFA EURO 2024 in Deutschland.

Die EM 2024 auf einen Blick

Wann? 14. Juni – 14. Juli 2024	
Anzahl Teilnehmer Qualifikation:	54
Anzahl Teilnehmer Endrunde:	24
Spielstätten:	10
Spiele:	51

Das Maskottchen

Ein buntes Trikot, rote Turnschuhe und – wichtig nach dem Debakel um den untenherum freien Löwen *Goleo* bei der WM 2006 – eine blaue Hose. Der fröhliche Teddybär *Albärt* wird bei der EM 2024 für gute Stimmung sorgen. Seine Botschaft: Bewegung und Teamgeist. *Albärt* unterstützt verschiedene Initiativen und Partnerschaften und soll Kinder in ganz Europa für den Fußball begeistern.

Die Ergebnisse der Qualifikation

Gruppe A

		TD	P
1.	Spanien	20	21
2.	Schottland	9	17
3.	Norwegen	2	11
4.	Georgien	-6	8
5.	Zypern	-25	0

(TD = Tordifferenz / P = Punkte)

Spanien und Schottland weiter

Mit zu erwartender Dominanz konnte sich Spanien als Gruppenerster für das EM-Turnier 2024 qualifizieren. Überraschend in Gruppe A war das gute Abschneiden der Schotten. Mit sechs Punkten Vorsprung auf Norwegen lösten sie ihr EM-Endrundenticket. Georgien ist sicher in den Playoffs im März 2024 und hofft, sich erstmals für eine EM-Endrunde qualifizieren zu können.

Gruppe B

		TD	P
1.	Frankreich	26	22
2.	Niederlande	10	18
3.	Griechenland	6	13
4.	Irland	-1	6
5.	Gibraltar	-41	0

(TD = Tordifferenz / P = Punkte)

Favorit Frankreich mit Rekordsieg

14 : 0 lautete der Endstand am 18.11.2023 im Spiel Frankreich gegen Gibraltar. Die Franzosen wurden während der gesamten Gruppenphase ihrer Favoritenrolle gerecht und zogen ungefährdet als Gruppenerster in die EM-Endrunde ein. Nur im letzten Spiel gegen Griechenland mussten sie sich mit einem Remis zufriedengeben. Die Niederlande stand am Ende mit vier Punkten Abstand auf die Franzosen als Gruppenzweiter fest und ist 2024 ebenfalls bei der EM in Deutschland mit dabei. Für Griechenland bleibt die Hoffnung, sich über die Playoffs noch zu qualifizieren.

Gruppe C

		TD	P
1.	England	18	20
2.	Italien	7	14
3.	Ukraine	3	14
4.	Nordmazedonien	-10	8
5.	Malta	-18	0

(TD = Tordifferenz / P = Punkte)

Zitterpartie für Italien

England erreichte die EM-Endrunde souverän als Gruppenerster. Anders verlief die Qualifikationsphase für die Italiener, auf denen nach der verpassten WM-Teilnahme 2022 ein enormer Druck lastete. Erst im letzten Gruppenspiel gegen die Ukraine konnte Italien durch ein 0 : 0 das EM-Ticket lösen. Den drittplatzierten Ukrainern bleibt die Hoffnung, sich über den Umweg der Playoffs im März 2024 zu qualifizieren.

Gruppe D

		TD	P
1.	Türkei	7	17
2.	Kroatien	9	16
3.	Wales	0	12
4.	Armenien	-2	8
5.	Lettland	-14	3

(TD = Tordifferenz / P = Punkte)

Gruppensieg für die Türkei

Mit einem klaren 4 : 0 Sieg gegen Lettland zog die Türkei im vorletzten Gruppenspiel in die EM-Endrunde ein und sicherte sich am Ende knapp den Gruppensieg. Über den zweiten Startplatz wurde erst am letzten Spieltag entschieden: Kroatien traf am 21.11.2023 auf Armenien und hatte es selbst in der Hand, durch einen Sieg das letzte EM-Ticket der Gruppenphase zu lösen. Mit einem knappen 1 : 0 gelang dies den „Feurigen" dann auch. Wales kann sich noch über die Playoffs im März 2024 ins Endrundenturnier spielen.

Gruppe E

		TD	P
1.	Albanien	8	15
2.	Tschechien	6	15
3.	Polen	0	11
4.	Moldau	-3	10
5.	Färöer	-11	2

(TD = Tordifferenz / P = Punkte)

Albanien überraschend Gruppensieger

Vor dem letzten Spieltag standen die beiden Endrundenteilnehmer der Gruppe E bereits fest. Nicht mit dabei sind die favorisierten Polen, die nun auf ihre Chance bei den Playoffs im März 2024 hoffen müssen. Albanien schaffte durch ein 1 : 1 im vorletzten Gruppenspiel gegen Moldau vorzeitig die Endrundenqualifikation und stand am Ende sogar auf Tabellenplatz eins. Es ist erst die zweite EM-Teilnahme der Albaner nach 2016. Als Gruppenzweiter ist Tschechien bei der EM 2024 dabei.

Gruppe F

		TD	P
1.	Belgien	18	20
2.	Österreich	10	19
3.	Schweden	2	10
4.	Aserbaidschan	-10	7
5.	Estland	-20	1

(TD = Tordifferenz / P = Punkte)

Belgien und Österreich qualifiziert

Bereits Mitte Oktober war klar: Belgien und Österreich stehen in der Endrunde der EM 2024. Das wohl entscheidende Ergebnis im Duell um den ersten Gruppenplatz lieferte das direkte Aufeinandertreffen der beiden Mannschaften am 13.10.2023. Belgien gewann knapp mit 3:2. Für Schweden ist das Ausscheiden als Gruppendritter bitter. Die Mannschaft nahm seit dem Jahr 2000 an allen EM-Endrunden teil und hat nun nicht einmal mehr die Chance, sich über die Playoffs im März 2024 nachträglich zu qualifizieren. Anders bei den Esten: Sie sind bei den Playoffs dabei.

Gruppe G

		TD	P
1.	Ungarn	9	18
2.	Serbien	6	14
3.	Montenegro	-2	11
4.	Litauen	-6	6
5.	Bulgarien	-7	4

(TD = Tordifferenz / P = Punkte)

Die beiden Favoriten setzten sich durch

Am 8. Spieltag zogen die Ungarn durch ein 2 : 2 gegen Bulgarien in die EM-Endrunde ein. Auch den Serben reichte im letzten Gruppenspiel gegen Bulgarien ein Punkt, um die erstmalige Qualifikation für eine EM-Endrunde perfekt zu machen. Trainer Dragan Stojkovic nahm als Spieler mit Jugoslawien an den EM-Endrunden 1984 und 2000 teil.

Gruppe H

		TD	P
1.	Dänemark	9	22
2.	Slowenien	11	22
3.	Kasachstan	8	18
4.	Finnland	4	18
5.	Nordirland	-4	9
6.	San Marino	-28	0

(TD = Tordifferenz / P = Punkte)

Dänemark knapp Gruppensieger

Am 9. Spieltag lösten die Dänen im Spitzenspiel gegen Slowenien ihr Ticket für die EM 2024. Als Gruppensieger starten sie in ihre bereits 9. EM-Endrunde. Hart umkämpft war der zweite Gruppenplatz. Am letzten Spieltag trafen die zu diesem Zeitpunkt zweit- und drittplatzierten Slowenen und Kasachen aufeinander. Den Showdown um den Einzug in die EM-Endrunde entschied Slowenien mit einem 2 : 1 für sich. Durch die Play-offs im März 2024 könnte Kasachstan, wie auch Finnland, noch in das EM-Turnier nachziehen.

Gruppe I

		TD	P
1.	Rumänien	11	22
2.	Schweiz	11	17
3.	Israel	0	15
4.	Kosovo	-5	12
5.	Belarus	0	11
6.	Andorra	-17	2

(TD = Tordifferenz / P = Punkte)

Gruppensieg im direkten Duell entschieden

Vor dem letzten Spieltag waren die beiden EM-Startplätze bereits vergeben. Rumänien und die Schweiz gingen mit ausreichendem Punktevorsprung ins direkte Duell um Platz 1. Das Aufeinandertreffen fand am 21.11.2023 statt und konnten die Rumänen mit einem 1 : 0 für sich entscheiden. Israel kann sein EM-Ticket nachträglich über die Playoffs im März 2024 lösen.

Gruppe J

		TD	P
1.	Portugal	34	30
2.	Slowakei	9	22
3.	Luxemburg	-6	17
4.	Island	1	10
5.	Bosnien-Herzegowina	-11	9
6.	Liechtenstein	-27	0

(TD = Tordifferenz / P = Punkte)

Portugal dominierte

Die Bilanz der Portugiesen in der EM-Qualifikation war lupenrein: zehn Spiele, zehn Siege. Mit einer Differenz von unglaublichen 34 Toren zählt das Team um Superstar Ronaldo zu den Favoriten auf den EM-Titel. Mit einem 9 : 0 gegen Luxemburg feierten die Portugiesen am 11.09.2023 ihren höchsten Sieg der Verbandsgeschichte. Den zweiten Startplatz für die EM-Endrunde sicherten sich die Slowaken im vorletzten Gruppenspiel gegen Island (4 : 2). Luxemburg, Bosnien-Herzegowina und Island bleibt noch die Chance, sich über die Playoffs im März 2024 zu qualifizieren.

EM-Spielorte im Überblick

Neun der zehn Spielstätten waren bereits bei der WM 2006 im Einsatz. Neu hinzugekommen ist Düsseldorf.

18 Jahre nach der Weltmeisterschaft ist Deutschland wiederholt Gastgeber im Weltfußball: der EM 2024. Hier gibt es alle Informationen zum wichtigsten Fußball-Event des Jahres! Die Gruppenauslosung fand im Dezember 2023 statt. Dabei wurden die drei Endrundenteilnehmer, die sich erst im März 2024 über die UEFA Nations League qualifizieren, den sechs Gruppen zunächst als Platzhalter zugelost.

Football Arena, Stadion oder Stadium?
Bei der Namensvergabe der EM-Stadien überraschte die UEFA nach zwölfmonatiger Beratung mit zum Teil eigenwilligen Kreationen.

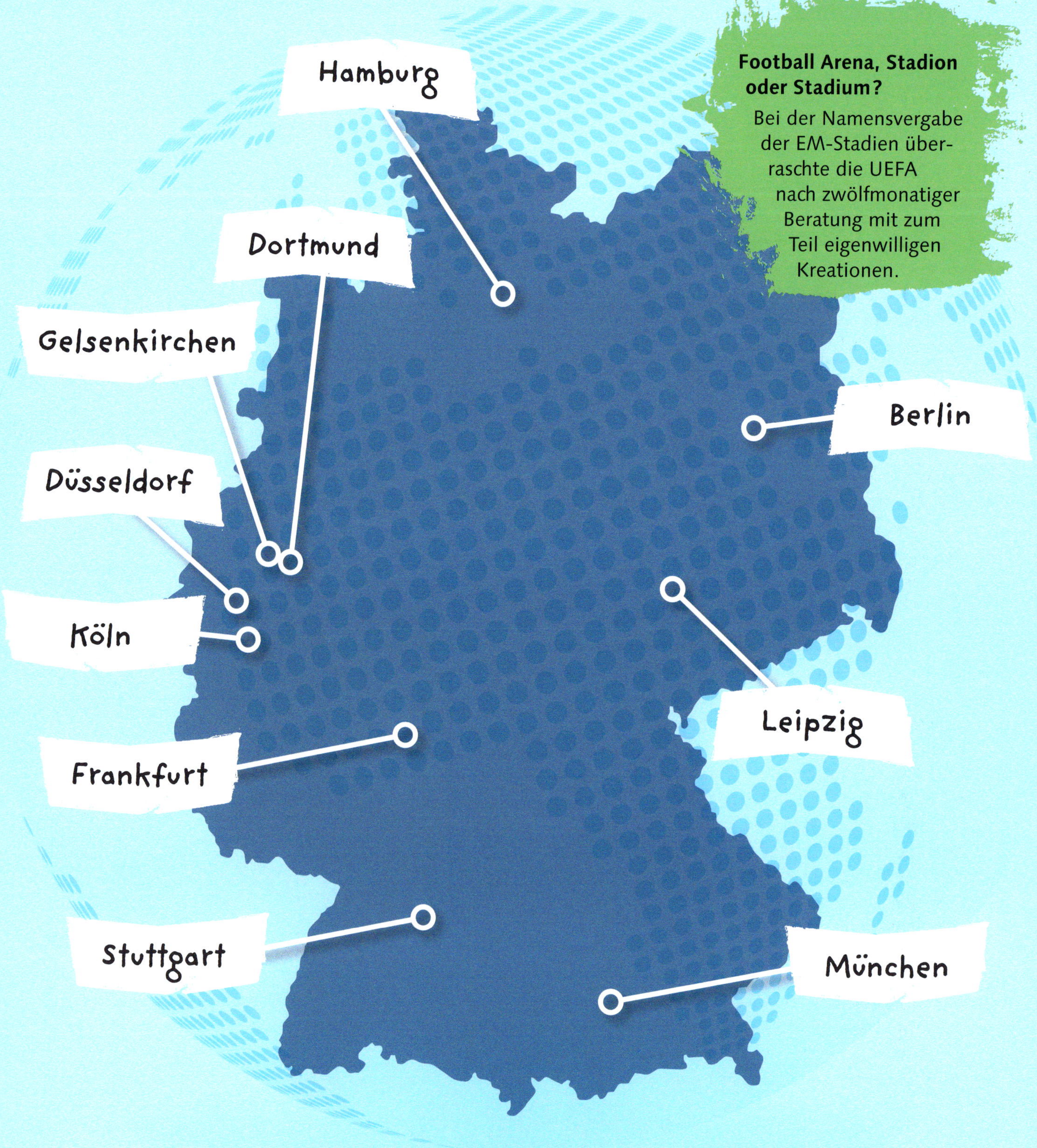

Berlin

Mit rund 3,7 Millionen Einwohnern ist das „dicke B" an der Spree die bevölkerungsreichste Stadt der Europäischen Union. Über 10 Millionen Touristen besuchen jedes Jahr die deutsche Hauptstadt und bekommen eine Menge geboten. Von einer gemütlichen Spree-Schifffahrt, über den Besuch in einem der zahlreichen Museen bis hin zur durchtanzten Club-Nacht und der Currywurst danach – in Berlin findet jeder das Passende!

Das EM-Finale findet am 14. Juli 2024 im Berliner Olympiastadion statt. Errichtet wurde das Stadion für die Olympischen Spiele 1936. Es befindet sich im Berliner Bezirk Charlottenburg-Wilmersdorf und ist heute die Heimspielstätte von Hertha BSC Berlin. Von 2000 bis 2004 wurde das Stadion modernisiert und bekam eine Überdachung für die knapp 75 000 Plätze. Ins Auge sticht die blaue Tartanbahn, die auf Wunsch und Kosten von Hertha BSC in deren Vereinsfarben Blau-Weiß gefärbt wurde.

Bundesland: Berlin
Einwohner: rund 3,7 Millionen
Stadtvereine: Hertha BSC Berlin, 1. FC Union Berlin
EM-Stadion: Olympiastadion Berlin
Kapazität bei der EM: 70 000

In Berlin finden drei Spiele der Gruppen B und D sowie ein Achtel- und Viertelfinale und das Endspiel statt.

Mit Hertha BSC und Union Berlin hat die Hauptstadt gleich zwei große Fußballklubs. Seit Gründung der Bundesliga erlebte die Hertha viele Höhen und Tiefen. Einen Meistertitel konnte die „alte Dame" jedoch noch nicht feiern. 2023 stiegen die Jungs von der Spree zum siebten Mal in der Vereinsgeschichte ab. Die Eisernen, wie Unioner ihre Mannschaft nennen, stiegen 2019 erstmals in die Bundesliga auf und bescherten Berlin heiße Derbys. 2023 gründete Hertha eine Frauenfußball-Abteilung. Der 1. FC Union hatte bereits 1969 ein Frauenteam. Aktuell spielt die Mannschaft in der Regionalliga Ost.

Köln

Bundesland: Nordrhein-Westfalen
Einwohner: rund 1,1 Millionen
Stadtvereine: 1. FC Köln
EM-Stadion: Cologne Stadium
Kapazität bei der EM: 47 000

Die Metropole am Rhein ist Deutschlands viertgrößte Stadt. Sie ist für ihren monumentalen Dom weltweit bekannt. Darüber hinaus hat sich Köln als Medienstandort etabliert und gilt als eine der Hochburgen des Karnevals. Die sogenannte fünfte Jahreszeit lockt jedes Jahr zahlreiche Einheimische und Touristen zum Feiern in die Stadt. Den Höhepunkt des Kölner Straßenkarnevals, den Rosenmontagszug, besuchen über 1 Million bunte Jecken.

Für fünf EM-Spiele ist das RheinEnergieSTADION Gastgeber. Die Arena wurde 2006 für die Fußball-Weltmeisterschaft neu gebaut, da der Vorgängerbau nicht mehr den FIFA-Bestimmungen entsprach. Zur EM 2024 wurde der Oberrang modifiziert, um zusätzliche Sitzplätze zu schaffen und dadurch die Kapazität für internationale Spiele zu erhöhen. Die UEFA bezeichnete das Stadion anlässlich der EM 2024 als *Cologne Stadium*.

In Köln finden vier Spiele der Gruppen A, C und E sowie ein Achtelfinale statt.

„E Levve lang" – diesem Motto folgen die knapp 120 000 Fans der Geißböcke. Das Gründungsmitglied der Bundesliga feierte am 13. Februar 2023 seinen 75. Geburtstag. Auf den Tag genau 75 Jahre nach dem Zusammenschluss der SpVgg Sülz 07 und des Kölner BC 01 zum 1. FC Köln feierte der Verein mit seinen Mitgliedern das Jubiläum ausgelassen – wie es sich für Kölner gehört – mit einer jecken Party. Die Frauenfußball-Abteilung des 1. FC Köln wurde 2009 durch den Zusammenschluss der beiden Fußballvereine Kölner BC 01 und SpVgg Sülz 07 gegründet. Aktuell spielt die Mannschaft erstklassig.

München

Wer an München denkt, denkt meist an das Oktoberfest und den FC Bayern München. Die drittgrößte Stadt Deutschlands hat aber noch viel mehr zu bieten. München ist eine Weltstadt und Zentrum für Kultur, Wissenschaft und Medien. Als hektisch gilt die Stadt trotz der dichten Besiedelung aber nicht. Wer entspannen will, findet ein schönes Plätzchen am Ufer der Isar oder im Englischen Garten.

Die Allianz Arena steht im Norden von München und ist seit 2005 die Heimspielstätte des FC Bayern München. Das architektonisch einzigartige Stadion ist in nicht einmal drei Jahren Bauzeit entstanden und gilt als das modernste Europas. Besonders charakteristisch ist die durch LEDs beleuchtete Fassade. 1056 der insgesamt 2784 Luftkissen lassen sich beleuchten und schaffen dadurch ein stimmungsvolles Lichterlebnis. Während der Europameisterschaft heißt das Stadion *Munich Football Arena*.

Bundesland: Bayern
Einwohner: rund 1,5 Millionen
Stadtvereine: FC Bayern München, TSV 1860 München
EM-Stadion: Munich Football Arena
Kapazität bei der EM: 67 000

In München finden vier Spiele der Gruppen A, C und E sowie ein Achtel- und ein Halbfinale statt.

Der FC Bayern ist einer der populärsten Vereine weltweit. Durch ihre zahlreichen Erfolge sichern sich die Bajuwaren seit Jahren den ersten Platz in der Ewigen Tabelle der Fußball-Bundesliga. In der Hall of Fame des Vereins finden sich Namen weltbekannter Spieler wie Franz Beckenbauer, Oliver Kahn und Lothar Matthäus. Seit dem Abstieg von 1860 München im Jahr 2004 gab es in den letzten Jahren nur noch wenige Münchner Derbys.
Die Frauenfußball-Abteilung des FC Bayern München besteht bereits seit 1970 und war 1990 Gründungsmitglied der Frauen-Bundesliga. In den vergangenen Jahren etablierten sich die Fußballerinnen als feste Größe und gewannen 2023 zum fünften Mal die Deutsche Meisterschaft (→ S. 77).

Frankfurt am Main

Bundesland: Hessen
Einwohner: rund 750 000
Stadtvereine: Eintracht Frankfurt
EM-Stadion: Frankfurt Arena
Kapazität bei der EM: 46 000

Neben kulinarischen Spezialitäten wie Handkäs' mit Musik und Grüner Soße ist die Mainmetropole für ihr Bankenviertel bekannt. Die Wolkenkratzer der Innenstadt bilden die typische Silhouette Frankfurts. Die Ähnlichkeit zu Manhattan (New York) hat der größten Stadt Hessens ihren Spitznamen „Mainhattan" eingebracht. In Frankfurt ist der Sitz der Europäischen Zentralbank.

Der Deutsche Bank Park (auch historisch als das Waldstadion bekannt) wurde in den Jahren 2002 bis 2005 für die WM 2006 gebaut. Das heutige Stadion ist bereits das vierte an selber Stelle und das erste, das als reine Fußballarena konzipiert wurde. Eine Besonderheit des Stadions ist das zeltartige Innendach, das innerhalb von knapp 20 Minuten das komplette Spielfeld überdecken kann. Bei der EM 2024 heißt das *Stadion Frankfurt Arena*.

In Frankfurt finden vier Spiele der Gruppen A, C und E sowie ein Achtelfinale statt.

Die Eintracht zählt zu den großen Traditionsvereinen im deutschen Fußball. In der Ewigen Tabelle belegt sie Platz 8.
Die Meisterschaft holten sich die Hessen bisher nur einmal (1958), den DFB-Pokal konnten sie bereits fünfmal gewinnen – zuletzt 2018. Zur Erinnerung an diesen Triumph ziert seitdem ein beeindruckendes Wandgemälde des Pokals eine Hausfassade im Grüneburgweg. Nach dem Sieg von Eintracht Frankfurt 2022 im UEFA Europa-League-Finale wurde das Team als Mannschaft des Jahres ausgezeichnet.
Im Frauenbereich fusionierte 2020 der erfolgreiche 1. FFC Frankfurt mit der Eintracht, unter deren Namen das Team seither in der Frauen-Bundesliga antritt (→ S. 77).

Hamburg

Die zweitgrößte Stadt Deutschlands wird auch als die Stadt der Brücken bezeichnet. Mit über 2500 Wasserüberwegen führt die Hansestadt das Ranking der meisten Brücken unter Europas Städten an. Zum Vergleich: Venedig hat „nur" 400. Bei Besuchern besonders beliebt sind Hafenrundfahrten und die Attraktionen der Speicherstadt – dazu zählt auch ein Besuch in der weltbekannten Elbphilharmonie.

Das Volksparkstadion befindet sich im Altonaer Volkspark und ist die Heimat des Hamburger SV. Eröffnet wurde das Stadion 1953. Um eine attraktivere Stimmung zu schaffen, wurde die „alte Betonschüssel" von 1998 bis 2000 zu einem reinen Fußballstadion umgebaut. Nach den Fußball-Weltmeisterschaften 1974 und 2006 und der EM 1988 wurde das Volksparkstadion nun zum vierten Mal als Turnierspielort ausgewählt. Neben Fußballspielen finden in der Arena auch Konzerte und andere Veranstaltungen statt. Der offizielle Arenaname bei der EM lautet *Volksparkstadion Hamburg*.

Bundesland: Hamburg
Einwohner: rund 1,9 Millionen
Stadtvereine: Hamburger SV, FC St. Pauli
EM-Stadion: Volksparkstadion Hamburg
Kapazität bei der EM: 50 000

In Hamburg finden vier Spiele der Gruppen B, D und F sowie ein Viertelfinale statt.

Treffen der Hamburger SV und der FC St. Pauli im Volksparkstadion oder am Millerntor aufeinander, kocht die Hansestadt. Mit über 110 Pflichtspielen seit 1919 ist es eines der am häufigsten ausgetragenen Fußballderbys in Deutschland. Das Spiel mit den meisten Toren bisher fand am 17. März 1940 im Millerntor-Stadion statt. Vor damals nur 2500 Fans fielen elf Tore, zehn davon für die Gastmannschaft des HSV. Die Reeperbahn gilt als „Fußball-Grenze" und teilt die Stadt in zwei Fan-Gebiete: Nördlich der Reeperbahn tummeln sich die Pauli-Anhänger, südlich treffen sich die HSV-Fans. Die Frauenfußball-Abteilung des HSV besteht bereits seit 1970. Derzeit spielt die erste Mannschaft in der Regionalliga Nord.

Dortmund

Bundesland: Nordrhein-Westfalen
Einwohner: rund 590 000
Stadtvereine: Borussia Dortmund
EM-Stadion: BVB Stadion Dortmund
Kapazität bei der EM: 66 000

Im ersten Moment verbinden viele mit der größten Stadt des Ruhrpotts Industrie, Fußball und Bier. Doch Dortmund ist so viel mehr. Die „grüne Metropole" ist eine innovative und zukunftsorientierte Stadt. Über 60 Prozent des Stadtgebiets sind von Grün- und Parkanlagen bedeckt. Kein Wunder, dass Dortmund zu den nachhaltigsten Städten Deutschlands zählt. Vom Florianturm im Westfalenpark haben Besucher einen fantastischen Ausblick über die Stadt und das Ruhrgebiet. Einen Besuch wert ist auch das 2015 eröffnete Deutsche Fußballmuseum.

Der Signal Iduna Park ist das größte Fußballstadion Deutschlands und das sechstgrößte in Europa. Errichtet wurde es für die WM 1974 und bot damals Platz für 54 000 Zuschauer. Nach mehreren Umbauphasen seit 1995 bietet der „Tempel" heute Platz für 81 365 Fans und ist bekannt für seine stimmungsvolle Atmosphäre. Bei der EM 2024 trägt die Arena den Namen *BVB Stadion Dortmund*.

In Dortmund finden vier Spiele der Gruppen B, D und F sowie ein Achtel- und ein Halbfinale statt.

Borussia Dortmund ist weltweit bekannt. Wie „Borussia" – die lateinische Bezeichnung für Preußen – in den Vereinsnamen kam, ist bis heute nicht abschließend geklärt. Die Schwarz-Gelben belegen in der Ewigen Tabelle der Fußball-Bundesliga Rang 2. Der BVB hat in seiner Geschichte bereits viele große Titel gewonnen. Mit der Verpflichtung von Jürgen Klopp von 2008 bis 2015 erlebte die Borussia ihre bisher erfolgreichste Ära. Mit einem Durchschnitt von über 80 000 Besuchern pro Spiel liegt der BVB auf Rang zwei der weltweiten Stadion-Zuschauertabelle. Nur der FC Barcelona kann das noch toppen. Die Mädchen- und Frauenabteilung der Borussia wurde 2021 gegründet. Die erste Frauenmannschaft spielt derzeit in der Landesliga.

Leipzig

Leipzig ist die Musikhauptstadt Deutschlands und wird immer wieder als das „neue Berlin" bezeichnet. Besonders beliebt ist die größte Stadt Sachsens wegen des quirligen Nachtlebens, der großen Kunst- und Kulturszene und des artenreichen Zoos.

Bundesland: Sachsen
Einwohner: rund 620 000
Stadtvereine: RB Leipzig, BSG Chemie Leipzig, 1. FC Lokomotive Leipzig
EM-Stadion: Leipzig Stadium
Kapazität bei der EM: 42 000

Die Red Bull Arena, ehemals als Zentralstadion bekannt, ist die Heimspielstätte von RB Leipzig. Erbaut wurde sie 2006 für die Fußball-Weltmeisterschaft.
Das Stadion ist Teil des Leipziger Sportforums, ein Sportgelände nordwestlich der Leipziger Innenstadt. Während der EM 2024 heißt der sächsische Fußballtempel *Leipzig Stadium*.

In Leipzig finden drei Spiele der Gruppen B, D und F sowie ein Achtelfinale statt.

Leipzig ist eine fußballbegeisterte Stadt mit langer Fußballgeschichte. Hier wurde in der Gaststätte „Mariengarten" am 28. Januar 1900 der Deutsche Fußball-Bund gegründet. Mit RB Leipzig gibt es nach langer Durststrecke von 1994 bis 2016 wieder einen Bundesligisten in der Stadt. 2023 schafften auch die Frauen der Bullen den Aufstieg in die Erstklassigkeit. Neben dem noch jungen Verein, von Getränkehersteller Red Bull gegründet, sorgen bei den Männern die beiden Regionalligisten BSG Chemie Leipzig und 1. FC Lokomotive Leipzig für hitzige Derbys in der Stadt. In der Bilanz der Pflichtspiele führt der 1. FC und seine Vorgängervereine mit bisher 54 Derby-Siegen.

Gelsenkirchen

Bundesland: Nordrhein-Westfalen
Einwohner: rund 260 000
Stadtvereine: FC Schalke 04
EM-Stadion: Arena AufSchalke
Kapazität bei der EM: 50 000

Die Großstadt im Ruhrgebiet ist untrennbar mit ihrem Verein, dem FC Schalke 04, und ihrer Bergbauvergangenheit verbunden. Gelsenkirchen ist jedoch keine kahle Industriestadt, sondern geprägt von Wäldern und Seen. Der Nordsternpark zählt zu den schönsten Naherholungsgebieten der Region.

Die Veltins-Arena, Heimspielstätte des FC Schalke 04, wurde 2001 eröffnet und galt damals als modernstes Stadion in Europa. Neben Fußball finden in der modernen Multifunktionsarena auch andere sportliche Events, Konzerte und Messen statt. Kaum ein anderes Stadion kann flexibler auf die Bedürfnisse unterschiedlicher Veranstaltungen angepasst werden. In wenigen Stunden lässt sich die Fußballarena in eine riesige Halle mit geschlossenem Dach verwandeln. Der offizielle Stadionname bei der EM 2024 ist *Arena AufSchalke*. Gelsenkirchen als Stadt bleibt im Stadionnamen unerwähnt.

In Gelsenkirchen finden drei Spiele der Gruppen B, C und F sowie ein Achtelfinale statt.

Der FC Schalke 04 zählt zu den erfolgreichsten und international bekanntesten deutschen Fußballklubs. Der Verein rangiert auf dem siebten Platz der Ewigen Tabelle der Bundesliga. 2023 stiegen die Königsblauen zum vierten Mal seit Bestehen der Bundesliga ab. Doch zweitklassig ist der Traditionsverein nie lange geblieben. Dreimal konnten die Schalker sofort wieder aufsteigen, einmal dauerte es drei Jahre bis zur Rückkehr in die erste Liga. Es ist abzuwarten, wann wieder ein Lokal-Derby gegen den Dauerrivalen Borussia Dortmund stattfinden wird. Zur Saison 2020 wurde die Frauenabteilung des FC Schalke 04 erneut gegründet. Bereits von 1975 bis 1987 bestand eine Abteilung. Die Frauen spielen aktuell in der Landesliga.

Stuttgart

Die Landeshauptstadt von Baden-Württemberg liegt im Neckartal und ist von Anhöhen und Weinbergen umgeben. Stuttgart ist das Zentrum der rund 2,8 Millionen Einwohner zählenden Region Stuttgart, einem der größten Ballungsräume Deutschlands.

Die MHPArena (zuletzt bekannt als Mercedes-Benz Arena) ist das Heimstadion der Bundesliga-Mannschaft VfB Stuttgart. Sie wurde in ihrer ursprünglichen Form 1933 eröffnet und seitdem mehrmals umgebaut – zuletzt von 2022 bis 2024 in Vorbereitung auf die Europameisterschaft. Unter anderem erhielt die Dachmembran eine Multicolor-Beleuchtung und ein Teil der Dachkonstruktion eine Photovoltaik-Anlage, um Strom für den Eigenbedarf zu erzeugen. Als EM-Name hat die UEFA *Stuttgart Arena* festgelegt.

Bundesland: Baden-Württemberg
Einwohner: rund 630 000
Stadtvereine: VfB Stuttgart
EM-Stadion: Stuttgart Arena
Kapazität bei der EM: 54 000

In Stuttgart finden vier Spiele der Gruppen A, C und E sowie ein Viertelfinale statt.

Der im Stadtbezirk Bad Cannstatt beheimatete Verein belegt in der Ewigen Tabelle der Bundesliga mit fünf Meisterschaften und drei DFB-Pokalsiegen den vierten Platz. Seit 1992 ist das grüne Krokodil „Fritzle" das Maskottchen der Schwaben. Sein Name geht auf Fritz Walter, den ehemaligen Torjäger des Vereins, zurück. Bekannt ist der VfB für seine ausgezeichnete Fußballschule, aus der viele erfolgreiche Nachwuchsspieler hervorgingen. Nun sollen sich auch im Frauenbereich Erfolgsgeschichten etablieren. 2021 gründete der VfB Stuttgart erstmals eine Frauenfußballabteilung und übernahm 2022 die Frauen-Mannschaft des VfB Obertürkheim. Derzeit spielt das Team in der Oberliga.

Düsseldorf

Bundesland: Nordrhein-Westfalen
Einwohner: rund 620 000
Stadtvereine: Fortuna Düsseldorf
EM-Stadion: Düsseldorf Arena
Kapazität bei der EM: 47 000

Die Landeshauptstadt Nordrhein-Westfalens ist die siebtgrößte Stadt in Deutschland. Bekannt ist Düsseldorf für die historische Altstadt – auch die längste Theke Deutschlands genannt – und den Einkaufsboulevard Königsallee („Kö"). Wie auch in Köln schlägt das Herz der Einwohner für den Karneval.

Die Merkur Spiel-Arena entstand zwischen 2002 und 2004 anstelle des Rheinstadions.
Sie befindet sich im nördlichen Stadtteil Stockum und ist die Heimspielstätte von Fortuna Düsseldorf. Neben Fußballspielen finden im Stadion auch andere Sportarten, Veranstaltungen und Konzerte statt. Die Multifunktionsarena sollte auch Austragungsort bei der WM 2006 sein, wurde dann jedoch bei der Vergabe der Stadien nicht berücksichtigt.
2024 ist es aber so weit:
Unter dem Namen *Düsseldorf Arena* rollt hier der Ball bei fünf EM-Spielen.

In Düsseldorf finden drei Spiele der Gruppen B, D und E sowie ein Achtel- und ein Viertelfinale statt.

Seit den beiden Pokalsiegen 1979 und 1980 gilt Fortuna Düsseldorf als Fahrstuhlmannschaft. Zwischenzeitlich fand sich der Klub sogar in der vierten Liga wieder. Aktuell spielen die Jungs vom Rhein in der zweiten Bundesliga – den Aufstieg als Ziel fest im Blick.
2021 gründete Fortuna eine Abteilung für Mädchen- und Frauenfußball und schloss sich mit neun weiteren Vereinen zur AG Mädchenfußball in Düsseldorf zusammen. Gemeinsam soll der Mädchenfußball gestärkt und Talente gefördert werden. In der Saison 2023/2024 ging erstmals eine Frauenmannschaft des Traditionsvereins an den Start.

Stars und Legenden

Eine Auswahl der Besten

Der Fußballsport hat seit seiner Verbreitung in der Welt zahlreiche große Talente hervorgebracht – und neue kommen nach. Darum wird eine Liste der Besten nie vollständig sein. Die hier aufgeführten Spieler haben haufenweise Erfolge und Auszeichnungen gesammelt, von denen nur die wichtigsten aufgezählt werden können.

Gordon Banks leistete der englischen Nationalelf große Dienste und holte mit ihr im berühmten Wembley-Finale gegen Deutschland 1966 den WM-Titel. Vom Internationalen Verband für Fußballgeschichte und Statistik (IFFHS) wurde er nach Lew Jaschin zum zweitbesten Torhüter des 20. Jahrhunderts gewählt.

Michelle Akers

Ihren großen internationalen Durchbruch hatte Akers bei der Frauen-WM 1991 in China. Mit zehn Treffern war sie maßgeblich am Titelgewinn der USA beteiligt. In ihrer aktiven Zeit galt sie als beste Spielerin der Welt und war die erste US-amerikanische Kickerin, der ein Schuhhersteller einen Werbevertrag anbot.
Geboren am: 1. Februar 1966 in Santa Clara, Kalifornien, USA
Position: Mittelfeld
Vereine:
1984–1989 University of Central Florida; 1990, 1992, 1994 Tyresö FF; 1993 Orlando Calibre Soccer Club
Nationalmannschaft: 153 Länderspiele für die USA
Erfolge/Auszeichnungen (Auswahl):
1991, 1999 Weltmeisterin; 1996 Olympiasiegerin; 1998 FIFA Order of Merit (höchste FIFA-Auszeichnung); 2000 Wahl zur FIFA-Spielerin des Jahrhunderts; 2004 Aufnahme in die FIFA 100 (Liste der 125 besten lebenden Fußballerinnen und Fußballer)

Roberto Baggio

Baggio war 1990 der teuerste Spieler der Welt: Er wechselte für ca. 15 Milliarden Lire (rund 7,8 Millionen Euro) vom AC Florenz zu Juventus Turin. Weil er einen Haarzopf trug und so gut spielte, wurde der Italiener „Divin Codino" – „göttliches Zöpfchen" – genannt. Sein letzter Verein (Brescia Calcio) beschloss, Baggios Rückennummer, die 10, nach Beendigung seiner Fußballerkarriere nicht wieder zu vergeben.
Geboren am: 18. Februar 1967 in Caldogno, Italien
Position: Angriff (Mittelfeld, Sturm)
Vereine:
1982–1985 Lanerossi Vicenza; 1985–1990 AC Florenz; 1990–1995 Juventus Turin; 1995–1997 AC Mailand; 1997–1998 FC Bologna; 1998–2000 Inter Mailand; 2000–2004 Brescia Calcio
Nationalmannschaft: 56 Länderspiele für Italien
Erfolge/Auszeichnungen (Auswahl):
1994 Vize-Weltmeister; 1993 UEFA-Pokal-Sieger; 1995, 1996 Italienischer Meister; 1995 Italienischer Pokalsieger; 1993 Europas Fußballer des Jahres und Weltfußballer des Jahres

Gordon Banks

Er spielte nie bei einem der Spitzenklubs und trotzdem zählt er zu den besten Torhütern der Geschichte. „Banks of England" nannte man ihn, weil er so sicher war wie die Bank von England.
Geboren am: 30. Dezember 1937 in Sheffield, England
Gestorben am: 12. Februar 2019 in Stoke-on-Trent, England
Position: Torwart
Vereine:
1955–1959 FC Chesterfield; 1959–1967 Leicester City; 1967–1972 Stoke City; 1977 St. Patrick's Athletic; 1977–1978 Fort Lauderdale Strikers
Nationalmannschaft: 73 Länderspiele für England
Erfolge/Auszeichnungen (Auswahl):
1966 Weltmeister; 1964, 1972 Englischer Pokalsieger; 1972 Englands Fußballer des Jahres; 1970 Ernennung zum „Officer of the British Empire"

Franco Baresi

Die Rückennummer „6“ gehört allein Baresi – nach dem Ende seiner Karriere auf dem Platz hat sein einziger Klub, der AC Mailand, sie nicht mehr neu vergeben. Die von Baresi organisierte Abwehr trug entscheidend zu den Vereinserfolgen bei. Er verstand es außerdem, das Spiel mitzugestalten, und gilt darum als einer der besten Liberos der Welt.

Geboren am: 8. Mai 1960 in Travagliato, Italien
Position: Verteidiger, Libero
Verein:
1977–1997 AC Mailand
Nationalmannschaft: 81 Länderspiele für Italien
Erfolge/Auszeichnungen (Auswahl):
1982 Weltmeister; 1989, 1990 Weltpokalsieger; 1989, 1990, 1994 Europapokal der Landesmeister/Champions-League-Sieger; 6 x Italienischer Meister; 1990 Italiens Fußballer des Jahres

Baresi 1994 im Trikot des italienischen Nationalteams – auch mit der „6“.

Franz Beckenbauer

Als 13-Jähriger bekam Franz Beckenbauer von einem Spieler des TSV 1860 München eine Ohrfeige verpasst. Daraufhin entschied er sich, lieber für den FC Bayern zu spielen, anstatt wie geplant zu den Sechzigern zu wechseln. „Für den deutschen Fußball war und ist er das pure Glück. Nie hat es einen Besseren gegeben. Nie wird es einen Besseren geben“, schrieb Günter Netzer zum 65. Geburtstag von Beckenbauer.

Geboren am: 11. September 1945 in München, Deutschland
Position: Verteidiger (Libero, Spielmacher)
Vereine:
1958–1977 FC Bayern München; 1977–1980 Cosmos New York; 1980–1982 Hamburger SV; 1983 Cosmos New York
Nationalmannschaft: 103 Länderspiele für Deutschland
Erfolge/Auszeichnungen (Auswahl):
1972 Europameister; 1974 Weltmeister; 1974, 1975, 1976 Europapokal der Landesmeister; 1967 Europapokal der Pokalsieger; 1976 Weltpokalsieger; 5 x Deutscher Meister, 4 x DFB-Pokalsieger, 3 x US-Meister; Deutschlands Fußballer des Jahrhunderts; Jahrhundert-Verdienstorden der FIFA; Ehrenspielführer des DFB – und viele Auszeichnungen mehr!

Nicht nur als Spieler war „Kaiser Franz“ erfolgreich, sondern auch als Trainer – zum Beispiel als Teamchef der deutschen Nationalelf, mit der er 1990 den Weltmeistertitel feiern konnte. Die Vergabe der WM 2006 nach Deutschland, bei der Beckenbauer eine wesentliche Rolle spielte, wurde jedoch von Korruptionsvorwürfen überschattet.

George Best

Auf dem Platz beeindruckte er durch seine Schnelligkeit und sein überragendes Dribbling. Privat hatte er zahlreiche Probleme. „Ich habe viel von meinem Geld für Alkohol, Weiber und schnelle Autos ausgegeben. Den Rest habe ich verprasst“, sagte er einmal. Er gilt als erster Popstar des Fußballs und wurde wegen seiner langen Haare auch als „fünfter Beatle“ bezeichnet. Als Best starb, sagte der damalige britische Premierminister Tony Blair: „George Best war einer der größten Fußballer, die Großbritannien jemals hervorgebracht hat.“ Zu seiner Beerdigung kamen Hunderttausende.

Geboren am: 22. Mai 1946 in Cregagh, Belfast, Nordirland
Gestorben am: 25. November 2005 in London, England
Position: Mittelfeld
Vereine:
1961–1974 Manchester United; danach zahlreiche Vereinswechsel
Nationalmannschaft: 37 Länderspiele für Nordirland
Erfolge/Auszeichnungen (Auswahl):
1965, 1967 Englischer Meister; 1968 Europapokal der Landesmeister; 1968 Englands und Europas Fußballer des Jahres; 2006 wurde der „City Airport“ von Belfast in „George Best Belfast City Airport“ umbenannt.

David (Robert Joseph) Beckham

Er machte nicht nur auf dem Platz auf sich aufmerksam, sondern war auch ein Popstar des Fußballs und brachte seinen Klubs neben sportlichen Erfolgen auch beachtliche Einnahmen, z. B. durch Fan-Artikel. Seine Spezialität waren Flanken, Freistöße und sehr genaue Zuspiele. Seine größten Triumphe auf dem Platz feierte Beckham mit Manchester United.

Geboren am: 2. Mai 1975 in Leytonstone, England

Position: Mittelfeld

Vereine:
1992–2003 Manchester United; 1995 Preston North End; 2003–2007 Real Madrid; 2007–2012 Los Angeles Galaxy; 2009, 2010 AC Mailand; 2013 Paris Saint-Germain

Nationalmannschaft: 115 Länderspiele für England

Erfolge/Auszeichnungen (Auswahl):
1999 Weltpokalsieger; 1999 Champions-League-Sieger; 6 x Englischer Meister; 1996, 1999 Englischer Pokalsieger; 2007 Spanischer Meister; 2013 Französischer Meister; 1999 UEFA Spieler des Jahres; 2001 Englands Sportler des Jahres; 2003 Ernennung zum „Officer of the British Empire"

Bobby Charlton (Sir Robert Charlton)

Der „Gentleman des Fußballs" galt als sehr fairer Spieler und wurde in seiner ganzen Karriere nur einmal verwarnt – nicht wegen eines Fouls, sondern weil er einen Streit schlichten wollte. Charlton überlebte 1958 einen Flugzeugabsturz in München, durch den acht Mitglieder von Manchester United ums Leben kamen.

Geboren am: 11. Oktober 1937 in Ashington, England

Position: Mittelfeld

Vereine:
1953–1973 Manchester United; 1973–1975 Preston North End

Nationalmannschaft: 106 Länderspiele für England

Erfolge/Auszeichnungen (Auswahl):
1966 Weltmeister; 1968 Europapokal der Landesmeister; 1957, 1965, 1967 Englischer Meister; 1963 Englischer Pokalsieger; 1966 Englands und Europas Fußballer des Jahres; 1994 Erhebung in den Adelsstand als „Knight Commander of the Order of the British Empire"

Johan Cruyff (Hendrik Johannes Cruyff)

Der technisch hervorragende Fußballer gilt als einer der besten Spielmacher aller Zeiten. Mit seiner Art, ein Spiel zu leiten und zu dirigieren, prägte er den niederländischen Fußball der 1970er-Jahre. Als Trainer war er ebenso ehrgeizig wie erfolgreich.

Geboren am: 25. April 1947 in Amsterdam, Niederlande

Gestorben am: 24. März 2016 in Barcelona, Spanien

Position: Sturm/Mittelfeld (Spielmacher)

Vereine:
1964–1973 Ajax Amsterdam; 1973–1978 FC Barcelona; 1979 Los Angeles Aztecs; 1980–1981 Washington Diplomats; 1981 UD Levante; 1981–1983 Ajax Amsterdam; 1983–1984 Feyenoord Rotterdam

Nationalmannschaft: 48 Länderspiele für die Niederlande

Erfolge/Auszeichnungen (Auswahl):
1974 Vizeweltmeister, Bester Spieler der WM; 1971, 1972, 1973 Europapokal der Landesmeister; 9 x Niederländischer Meister; 6 x Niederländischer Pokalsieger; 1974 Spanischer Meister; 1978 Spanischer Pokalsieger; 1971, 1973, 1974 Europas Fußballer des Jahres

Alfredo Di Stéfano (Alfredo Stéfano Di Stéfano Laulhe)

Der großartige Spielmacher und überragende Torjäger wurde wegen seiner hellen Haarfarbe „el alemán" (der Deutsche) genannt und in Kombination mit seiner Schnelligkeit auch „la saeta rubia" (der blonde Pfeil). Zu den großen Erfolgen von Real Madrid als dem „weißen Ballett" hat Di Stéfano zu seiner Zeit entscheidend beigetragen. Nach seiner Spielerkarriere arbeitete er viele Jahre erfolgreich als Trainer.

Geboren am: 4. Juli 1926 in Buenos Aires, Argentinien
Gestorben am: 7. Juli 2014 in Madrid, Spanien
Position: Stürmer
Vereine:
1943–1945 River Plate Buenos Aires; 1946 Huracán Buenos Aires; 1947–1949 River Plate Buenos Aires; 1949–1953 Los Millonarios Bogotá; 1953–1964 Real Madrid; 1964–1966 RCD Español Barcelona
Nationalmannschaft: 6 Länderspiele für Argentinien, 4 für Kolumbien, 31 für Spanien
Erfolge/Auszeichnungen (Auswahl):
1947 Südamerika-Meister; 1960 Weltpokalsieger; 5 x Europapokal der Landesmeister; 1945, 1947 Argentinischer Meister; 4 x Kolumbianischer Meister; 1953 Kolumbianischer Pokalsieger; 8 x Spanischer Meister; 1962 Spanischer Pokalsieger; 1957, 1959 Europas Fußballer des Jahres

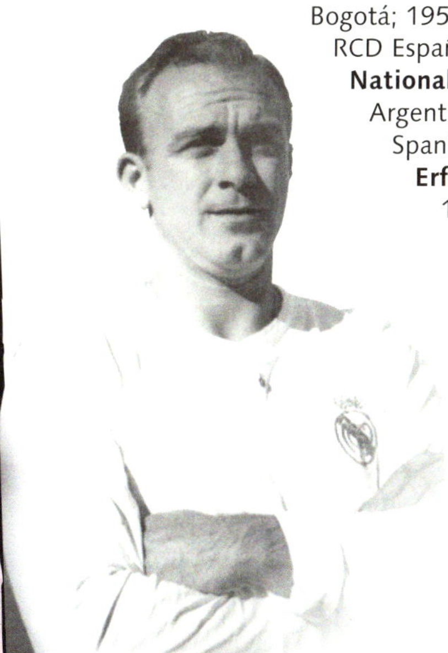

Eusébio (Eusébio da Silva Ferreira)

Sein Torinstinkt und seine Schnelligkeit machten den „ersten Superstar des afrikanischen Kontinents" zu einem der gefährlichsten Torjäger aller Zeiten. Davon zeugen zum Beispiel seine 320 Treffer in 313 portugiesischen Ligaspielen. In den 1960er-Jahren hatte er großen Anteil an den Erfolgen von Benfica Lissabon. In Portugal wird er als Fußballidol verehrt.

Geboren am: 25. Januar 1942 in Lourenço Marques, heutiges Mosambik
Gestorben am: 5. Januar 2014 in Lissabon, Portugal
Position: Stürmer
Vereine:
1957–1960 Sporting Lourenço Marques; 1960–1975 Benfica Lissabon; 1975–1978 verschiedene Klubs in USA, Mexiko, Kanada, Portugal
Nationalmannschaft: 64 Länderspiele für Portugal
Erfolge/Auszeichnungen (Auswahl):
1962 Europapokal der Landesmeister; 11 x Portugiesischer Meister; 5 x Portugiesischer Pokalsieger; 1966 Torschützenkönig (9 Treffer) und Bester Spieler der WM; 1970, 1973 Portugals Fußballer des Jahres; 1965 Europas Fußballer des Jahres

Luís (Filipe Madeira Caeiro) Figo

Mit 127 Länderspielen wurde er zum Rekordnationalspieler Portugals. Seinen Wechsel vom FC Barcelona zum Erzrivalen Real Madrid haben ihm manche Fans übel genommen. Der Transfer machte ihn im Jahr 2000 zum teuersten Spieler der Welt: Etwa 58 Millionen Euro betrug die Ablösesumme.

Geboren am: 4. November 1972 in Lissabon, Portugal
Position: Mittelfeld, Spielmacher und Angreifer
Vereine:
1983–1995 Sporting Lissabon; 1995–2000 FC Barcelona; 2000–2005 Real Madrid; 2005–2009 Inter Mailand
Nationalmannschaft: 127 Länderspiele für Portugal
Erfolge/Auszeichnungen (Auswahl):
1997 Europapokal der Pokalsieger; 2002 Champions-League-Sieger; 2002 Weltpokalsieger; 1995 Portugiesischer Pokalsieger; 1997, 1998 Spanischer Pokalsieger; 4 x Spanischer Meister; 4 x Italienischer Meister; 2006 Italienischer Pokalsieger; 6 x Portugals Fußballer des Jahres; 2000 Europas Fußballer des Jahres; 2001 Weltfußballer des Jahres

Sun Wen

Sun Wen ist eine wahre Legende im chinesischen Fußball. Bereits mit 17 Jahren debütierte sie in der chinesischen Nationalmannschaft und nahm an vier Weltmeisterschaften teil (1991, 1995, 1999 und 2003). Ein Sieg blieb der Ausnahmestürmerin dabei verwehrt. Obwohl sich die Mannschaft der USA im Finale 1999 gegen China durchsetzte, war sie es, die den Goldenen Ball als beste Spielerin und den Goldenen Schuh als Torschützenkönigin gewann. Auch bei den Olympischen Spielen 2000 wurde sie Torschützenkönigin – und das, obwohl China bereits in der Vorrunde ausschied.

Geboren am: 6. April 1973 in Shanghai, China
Position: Stürmerin
Vereine:
1989–2000 Shanghai
2001–2002 Atlanta Beat
2003 Shanghai SVA
2006 Shanghai SVA
Nationalmannschaft: 166 Länderspiele für China
Erfolge/Auszeichnungen (Auswahl):
1996 Vize-Olympiasiegerin; 2000 Wahl zur FIFA-Spielerin des Jahrhunderts

Zlatan Ibrahimovic

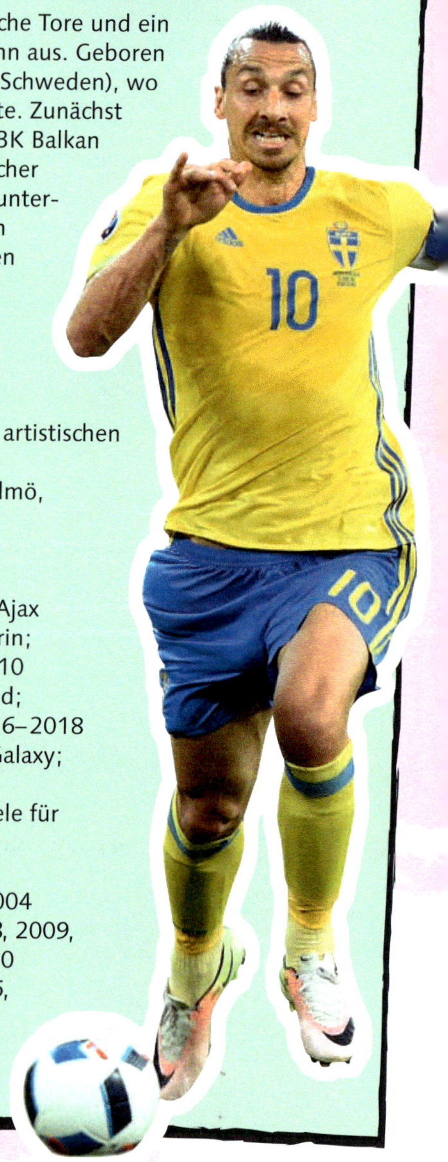

Spektakuläre Spielzüge, unnachahmliche Tore und ein riesiges Selbstbewusstsein zeichnen ihn aus. Geboren wurde Zlatan Ibrahimovic in Malmö (Schweden), wo er auch seine Fußballerkarriere startete. Zunächst kickte er auf der Straße, dann beim FBK Balkan Malmö – und saß wegen disziplinarischer Probleme häufig auf der Bank. 1999 unterschrieb er bei Malmö FF seinen ersten Profivertrag. 2001 verließ er Schweden und wechselte zu Ajax Amsterdam, seine erste von vielen weiteren Stationen. Ibrahimovics zweite Leidenschaft neben Fußball ist Taekwondo, worauf er selbst seine unglaubliche Beweglichkeit – und die artistischen Einlagen auf dem Platz – zurückführt.

Geboren am: 3. Oktober 1981 in Malmö, Schweden
Position: Stürmer
Vereine:
1999–2001 Malmö FF; 2001–2004 Ajax Amsterdam; 2004–2006 Juventus Turin; 2006–2009 Inter Mailand; 2009–2010 FC Barcelona; 2010–2012 AC Mailand; 2012–2016 Paris Saint-Germain; 2016–2018 Manchester United; 2018–2019 LA Galaxy; 2020–2023 AC Mailand
Nationalmannschaft: 116 Länderspiele für Schweden
Erfolge/Auszeichnungen (Auswahl):
2017 Europa-League-Sieger; 2002, 2004 Niederländischer Meister; 2007, 2008, 2009, 2011, 2022 Italienischer Meister; 2010 Spanischer Meister; 2013, 2014, 2015, 2016 Französischer Meister; 12 x Schwedens Fußballer des Jahres, 3 x Italiens Fußballer des Jahres

Lew (Iwanowitsch) Jaschin

Was heute selbstverständlich ist, machte er schon zu seiner Zeit: Jaschin spielte mit und agierte oft weit vor seinem Tor. Der 1,90 m große Torhüter hatte ausgezeichnete Reflexe und wurde wegen seines schwarzen Trikots „schwarzer Panther", „schwarze Spinne" und „schwarze Krake" genannt. Zu Beginn seiner Laufbahn spielte er im Sommer Fußball und im Winter stand er im Eishockeytor.

Geboren am: 22. Oktober 1929 in Bogorodskoje, Russland
Gestorben am: 20. März 1990 in Moskau
Position: Torwart
Verein:
1945–1971 Dynamo Moskau
Nationalmannschaft: 78 Länderspiele für die Sowjetunion
Erfolge/Auszeichnungen (Auswahl):
1956 Olympiasieger; 1960 Europameister; 5 x Sowjetischer Meister; 1953, 1967, 1970 Sowjetischer Pokalsieger; 1963 Europas Fußballer des Jahres; 1967 Leninorden der Sowjetunion; Welttorhüter und Sportler des 20. Jahrhunderts (nach seinem Tod)

Sepp Maier (Josef Dieter Maier)

Er zählt immer noch zu den beliebtesten Sportlern in Deutschland, auch wegen seines Humors. Dabei war der Weltklassetorwart nicht nur ein Spaßvogel – er war auch sehr ehrgeizig. Seine hervorragenden Reflexe brachten ihm den Spitznamen „Katze von Anzing" ein. Nach seiner aktiven Zeit trainierte er die Torhüter des FC Bayern München und der deutschen Nationalmannschaft.
Geboren am: 28. Februar 1944 in Metten, Deutschland
Position: Torwart
Vereine:
1952–1959 TSV Haar; 1959–1979 FC Bayern München
Nationalmannschaft: 95 Länderspiele für Deutschland
Erfolge/Auszeichnungen (Auswahl):
1974 Weltmeister; 1972 Europameister; 1967 Europapokal der Pokalsieger; 1974, 1975, 1976 Europapokal der Landesmeister; 1976 Weltpokalsieger; 4 x Deutscher Meister; 4 x DFB-Pokalsieger; 1975, 1977, 1978 Deutschlands Fußballer des Jahres; 1978 Bundesverdienstkreuz; Deutschlands Torhüter des Jahrhunderts

Diego (Armando) Maradona

Als Kind ist Maradona mit dem Ball in der Hand eingeschlafen – er war sein liebstes Spielzeug. Bei der Weltmeisterschaft 1986 war Maradona der Star und führte das argentinische Team mit seinen überragenden Leistungen zum Titel. Sein Trainer Carlos Bilardo sagte: „Ich danke Gott, dass Maradona ein Argentinier ist." Abseits des Platzes sorgte Maradona regelmäßig für weniger schöne Schlagzeilen, u. a. wegen seiner Drogenprobleme.
Geboren am: 30. Oktober 1960 in Villa Fiorito, Argentinien
Gestorben am: 25. November 2020 in Tigre, Argentinien
Position: Mittelfeld (Spielmacher, Angreifer)
Vereine:
1976–1981 Argentinos Juniors; 1981–1982 Boca Juniors; 1982–1984 FC Barcelona; 1984–1991 SSC Neapel; 1992–1993 FC Sevilla; 1993–1994 Newell's Old Boys; 1995–1997 Boca Juniors
Nationalmannschaft: 91 Länderspiele für Argentinien
Erfolge/Auszeichnungen (Auswahl):
1986 Weltmeister und Bester Spieler der WM; 1989 UEFA-Pokal-Sieger; 1981 Argentinischer Meister; 1983 Spanischer Pokalsieger; 1987,1990 Italienischer Meister; 1987 Italienischer Pokalsieger; 4 x Argentiniens Fußballer des Jahres; 6 x Südamerikas Fußballer des Jahres; 1986 Weltsportler des Jahres

Marta (Marta Vieira da Silva)

Fünfmal in Folge wurde Marta zur Weltfußballerin gewählt. Als Siebenjährige begann sie gegen die Jungs auf der Straße zu kicken – und war nach kurzer Zeit besser als ihre Gegner. In Maceió, Brasilien, plante man bereits 2011 ein eigenes Museum für die Fußballerin.
Geboren am: 19. Februar 1986 in Dois Riachos, Brasilien
Position: Stürmerin
Vereine:
2000–2002 Vasco da Gama; 2002–2004 Santa Cruz FC; 2004–2008 Umeå IK; 2009 Los Angeles Sol; 2009–2010 FC Santos; 2010 FC Gold Pride; 2011 Western New York Flash; 2012–2014 Tyresö FF; 2014–2017 FC Rosengård; ab 2017 Orlando Pride
Nationalmannschaft: Brasilien
Erfolge/Auszeichnungen (Auswahl):
2007 Vize-Weltmeisterin, Beste Spielerin und Torschützenkönigin der WM; 2004, 2008 Silber bei den Olympischen Spielen; 2003, 2010 Südamerika-Meisterin; 2004 UEFA-Pokal-Siegerin; 5 x Schwedische Meisterin; 6 x Weltfußballerin des Jahres: 2006 bis 2010 und 2018

Lothar Matthäus gegen Carlos Valderrama (Kolumbien) bei der WM 1990.

Lothar (Herbert) Matthäus

Bei fünf Weltmeisterschaften war der Rekordnationalspieler dabei – er war Kapitän, als die deutsche Nationalelf 1990 Weltmeister wurde. Mit dem FC Bayern München begann die Zeit seiner großen Vereinserfolge, in der italienischen Liga wurde er endgültig zum Weltstar. Seit Ende seiner Karriere als Spieler arbeitet Matthäus gelegentlich als TV-Experte und als Trainer.
Geboren am: 21. März 1961 in Erlangen, Deutschland
Position: Mittelfeld
Vereine:
1979–1984 Borussia Mönchengladbach; 1984–1988 FC Bayern München; 1988–1992 Inter Mailand; 1992–2000 FC Bayern München; 2000 New York/New Jersey Metro Stars
Nationalmannschaft: 150 Länderspiele für Deutschland
Erfolge/Auszeichnungen (Auswahl):
1990 Weltmeister; 1980 Europameister; 1991, 1996 UEFA-Pokal-Sieger; 7 x Deutscher Meister; 1986, 1998 DFB-Pokalsieger; 1989 Italienischer Meister; 1990 Europas Fußballer des Jahres; 1990, 1999 Deutschlands Fußballer des Jahres; 1991 Weltfußballer des Jahres; Ehrenspielführer der deutschen Nationalmannschaft

Lionel Messi

(Lionel „Leo" Andrés Messi Cuccitini)

Den ersten Vertrag, den Messi vom FC Barcelona bekam, schrieb der damalige Manager auf eine Serviette. Nachdem er ihn am Ball gesehen hatte, wollte er ihn schnellstens verpflichten. Als 16-Jähriger gab Messi sein Debüt im Trikot der Profimannschaft. Seine Ablösesumme soll 2017 auf 300 Millionen Euro festgelegt worden sein. Transfergerüchte zu Messi gab es immer wieder, bis er seinen Verein Barça 2021 tatsächlich verließ und zum französischen Top-Klub Paris Saint-Germain wechselte. Aktuell spielt er bei Inter Miami.
Geboren am: 24. Juni 1987 in Rosario, Argentinien
Position: Stürmer
Vereine:
1992–1995 Grandoli FC; 1995–2000 Newell's Old Boys; 2000–2021 FC Barcelona; 2021–2023 Paris Saint-Germain; seit 2023 Inter Miami
Nationalmannschaft: Argentinien
Erfolge/Auszeichnungen (Auswahl):
2008 Olympiasieger; 2006, 2009, 2011, 2015 Champions-League-Sieger; 10 x Spanischer Meister; 7 x Spanischer Pokalsieger; 2 x Französischer Meister; 11 x Argentiniens Fußballer des Jahres; 2009, 2015 Europas Fußballer des Jahres; 2014 Bester Spieler der Weltmeisterschaft; 2009, 2010, 2011, 2012, 2015, 2019, 2022 Weltfußballer des Jahres

Pelé in Aktion für Cosmos New York im Jahr 1975.

Gerd Müller (Gerhard Müller)

Er sammelte Torrekorde – zum Beispiel 365 Bundesligatore in 427 Einsätzen, 40 Tore in der Bundesligasaison 1971/72, siebenmal Torschützenkönig der Bundesliga und als Nationalspieler 68 Treffer in 62 Länderspielen. Seinen Siegtreffer zum 2 : 1 für Deutschland im WM-Finale 1974 gegen die Niederlande bezeichnete Müller selbst als sein wichtigstes Tor. Und auch andere deutsche Fußball-Erfolge der 1970er-Jahre sind eng mit dem Mittelstürmer Gerd Müller verbunden. Bis 2014 war der „Bomber der Nation" beim FC Bayern München als Assistenztrainer für den Jugend- und Amateurbereich tätig.

Geboren am: 3. November 1945 in Nördlingen, Deutschland
Gestorben am : 15. August 2021 in Wolfratshausen, Deutschland
Position: Stürmer
Vereine:
1955–1964 TSV 1861 Nördlingen; 1964–1979 FC Bayern München; 1979–1981 Fort Lauderdale Strikers; 1981–1982 Smith Brothers Lounge
Nationalmannschaft: 62 Länderspiele für Deutschland
Erfolge/Auszeichnungen (Auswahl):
1972 Europameister; 1974 Weltmeister; 1974, 1975, 1976 Europapokal der Landesmeister; 1967 Europapokal der Pokalsieger; 1976 Weltpokalsieger; 4 x Deutscher Meister; 4 x DFB-Pokalsieger; 1967, 1969 Deutschlands Fußballer des Jahres; 1970 Europas Fußballer des Jahres; 1970, 1972 Bester Torschütze Europas

Pelé (Edson Arantes do Nascimento)

Bei Pelé überbieten sich Fans, Journalisten, Mit- und Gegenspieler in ihren Schilderungen seines Könnens. Die brasilianische Regierung ernannte den damals erst 19-Jährigen zum „Nationalheiligtum", das nicht ins Ausland verkauft werden durfte. Für viele seiner Landsleute war und ist er ein leuchtendes Vorbild, dem es gelungen ist, der Armut zu entfliehen. Pelé war Botschafter der WM 2014 in Brasilien.

Geboren am: 23. Oktober 1940 in Tres Corações, Brasilien
Gestorben am: 29. Dezember 2022 in São Paulo, Brasilien
Position: Stürmer
Vereine:
1956–1974 FC Santos; 1975–1977 Cosmos New York
Nationalmannschaft: 91 Länderspiele für Brasilien
Erfolge/Auszeichnungen (Auswahl):
1958, 1962, 1970 Weltmeister; 1962, 1963 Weltpokalsieger; 1962, 1963 Copa Libertadores; 10 x Meister des Bundesstaats São Paulo; 6 x Brasilianischer Pokalsieger; 1977 US-Meister; Weltrekord: 1281 Tore in 1363 Spielen(!); Bester Torschütze Brasiliens aller Zeiten; 1999 vom Internationalen Olympischen Komitee zum Sportler des Jahrhunderts und 2000 von der FIFA zum Fußballer des Jahrhunderts gewählt – und unendlich viele weitere Auszeichnungen!

Michel (François) Platini

1984 führte er die französische Nationalmannschaft zum Sieg bei der Europameisterschaft. Den Weltmeistertitel konnte er trotz dreimaliger Turnierteilnahme nie gewinnen. Er sagt von sich selbst, dass er – im Vergleich z. B. zum deutschen Nationalspieler Mesut Özil – ein eher lauffauler Spieler war. Dafür war seine Ballbehandlung einzigartig und seine Schusstechnik hervorragend. Im Jahr 1987 erklärte Platini seinen Rücktritt vom Fußball. In 72 Länderspielen hatte er 41 Mal getroffen - und war damit bis 2007 französischer Rekordtorschütze.

Geboren am: 21. Juni 1955 in Joeuf, Frankreich
Position: Mittelfeld
Vereine:
1966–1972 AS Joeuf; 1972–1979 AS Nancy; 1979–1982 AS Saint-Étienne; 1982–1987 Juventus Turin
Nationalmannschaft: 72 Länderspiele für Frankreich
Erfolge/Auszeichnungen (Auswahl):
1984 Europameister; 1984 Europapokal der Pokalsieger; 1985 Europapokal der Landesmeister; 1985 Weltpokalsieger; 1981 Französischer Meister; 1978 Französischer Pokalsieger; 1983 Italienischer Pokalsieger; 1984, 1986 Italienischer Meister; 1976, 1977 Frankreichs Fußballer des Jahres; 1984 Italiens Fußballer des Jahres; 1983, 1984, 1985 Europas Fußballer des Jahres

Birgit Prinz

Mit 128 Länderspieltoren ist sie Rekordtorschützin des DFB (bei Frauen und Männern). Ihre Nationalmannschaftserfolge sind beachtlich und auch mit ihrem langjährigen Verein, dem 1. FFC Frankfurt, konnte sie unglaublich viele große Siege feiern. Dabei blieb sie zurückhaltend, Starallüren waren ihr fremd, sie sah sich immer als Teil der Mannschaft. Steffi Jones nannte Prinz einmal „die Lichtgestalt des deutschen Frauenfußballs".
Geboren am: 25. Oktober 1977 in Frankfurt a. M., Deutschland
Position: Stürmerin
Vereine:
1992–1998 FSV Frankfurt; 1998–2002 1. FFC Frankfurt; 2002 Carolina Courage; 2002–2011 1. FFC Frankfurt; 2012–2013 TSG 1899 Hoffenheim
Nationalmannschaft: 214 Länderspiele für Deutschland
Erfolge/Auszeichnungen (Auswahl):
2003, 2007 Weltmeisterin; 1995, 1997, 2001, 2005, 2009 Europameisterin; 2002, 2006, 2008 Women's-Champions-League-Siegerin; 9 x Deutsche Meisterin; 10 x Deutsche Pokalsiegerin; 2002 US-Meisterin; 8 x Deutschlands Fußballerin des Jahres; 2003, 2004, 2005 Weltfußballerin des Jahres; FIFA-Botschafterin für den Frauenfußball; Ehrenspielführerin des DFB

Ferenc Puskás (Ferenc Puskás Biro)

Als Kapitän der ungarischen Nationalelf der 1950er-Jahre war er ein Star. Das Team bekam als eine der weltweit besten Mannschaften den Spitznamen „Goldene Elf". Ende der 1950er- und in den frühen 1960er-Jahren gestaltete Puskás dann die großen Erfolge von Real Madrid mit. Als Trainer reiste er nach Beendigung seiner aktiven Zeit rund um die Welt.
Geboren am: 2. April 1927 in Budapest, Ungarn
Gestorben am: 17. November 2006 in Budapest, Ungarn
Position: Stürmer
Vereine:
1943–1956 Kispest AC/Honvéd Budapest; 1958–1967 Real Madrid
Nationalmannschaft: 85 Länderspiele für Ungarn, 4 für Spanien
Erfolge/Auszeichnungen (Auswahl):
1952 Olympiasieger; 1960 Weltpokalsieger; 1959, 1960, 1966 Europapokal der Landesmeister; 6 x Ungarischer Meister; 5 x Spanischer Meister; 1962 Spanischer Pokalsieger; je 4 x Torschützenkönig in Ungarn und Spanien

Mia Hamm (Mariel Margaret Hamm-Garciaparra)

Dass Mia Hamm zu einer der populärsten Sportlerinnen der USA werden würde, war nicht selbstverständlich. Sie wurde mit einem Klumpfuß geboren, der in ihrer Kindheit erfolgreich operiert werden konnte. Da ihr Vater beim Militär arbeitete, lebte sie an vielen verschiedenen Orten, u.a. auch in Italien, wo sie ihre Leidenschaft für den Fußball entdeckte. Während ihrer Studienzeit an der University of North Carolina at Chapel Hill gewann sie mit ihrem Team viermal die Universitäts-Frauenmeisterschaft. Bereits mit 15 Jahren spielte Hamm für die amerikanische Frauennationalmannschaft und schoss in 276 Spielen 158 Tore. Mia Hamm war die erste Fußballerin, die durch Werbung Millionen verdiente. Ihr Ausrüster hat zum Beispiel einen eigenen Schuh für sie kreiert und es gab eine Fußball-Barbie-Puppe nach ihrem Vorbild. Sie prägte den Frauenfußball viele Jahre lang und ist bis heute ein Vorbild für jüngere Frauengenerationen.
Geboren am: 17. März 1972 in Selma, Alabama, USA
Position: Stürmerin
Vereine:
1988–1993 North Carolina Tar Heels (College-Team)
2001–2003 Washington Freedom
Nationalmannschaft:
276 Länderspiele für die USA
Erfolge/Auszeichnungen (Auswahl):
1989, 1990, 1992, 1993 College-Champion;
1991, 1999 Weltmeisterin; 1996, 2004 Olympiasiegerin;
1994, 1995, 1996, 1997, 1998 Spielerin des Jahres in den USA;
2001, 2002 Weltfußballerin des Jahres; 2004 Aufnahme in die FIFA 100 (Liste der 125 besten lebenden Fußballerinnen und Fußballer); 2007 Aufnahme in die National Soccer Hall of Fame

Romário **(Romário de Souza Faria)**

Insgesamt erzielte Romário über 900 Treffer – nach eigener Zählung hat er sogar die 1000 erreicht – und ist damit einer der erfolgreichsten Torjäger aller Zeiten. An Selbstbewusstsein mangelte es ihm nicht, nach seinem WM-Sieg mit Brasilien 1994 sagte er: „Ich bin der Beste der Welt!" – und als er 1998 brasilianischer Meister geworden war: „Als ich geboren wurde, hat der liebe Gott auf mich gezeigt und gesagt: Der ist es." Romário sorgte aber auch mehrfach für negative Schlagzeilen, z.B. weil er zu spät aus dem Urlaub zum Training zurückkam.

Geboren am: 29. Januar 1966 in Rio de Janeiro, Brasilien
Position: Stürmer
Vereine:
1980–1988, 2000–2002, 2005–2008 Vasco da Gama; 1988–1993 PSV Eindhoven; 1993–1995 FC Barcelona; 1995–1996, 1996–1997, 1998–1999 Flamengo Rio de Janeiro; 1996, 1997 FC Valencia; 2002–2004 Fluminense FC; 2003 Al-Sadd; 2006 Miami FC; 2006 Adelaide United
Nationalmannschaft: 70 Länderspiele für Brasilien
Erfolge/Auszeichnungen (Auswahl):
1994 Weltmeister; 1988 Silbermedaille bei den Olympischen Spielen; 1989, 1997 Copa-América-Sieger; 1997 Konföderationen-Pokal; 1989, 1991, 1992 Niederländischer Meister; 1989, 1990 Niederländischer Pokalsieger; 1994 Spanischer Meister; 2000 Brasilianischer Meister; 1989, 1990, 1991 Niederländischer Fußballer des Jahres; 1994 Weltfußballer des Jahres

Ronaldinho **(Ronaldo de Assis Moreira)**

Der offensive, trickreiche Mittelfeldspieler konnte den Ball mit extrem hohem Tempo führen. Zu einem Freistoßtor der „Zaubermaus" gegen Werder Bremen sagte der damalige Bremer Keeper Tim Wiese: „An diesen Trick werde ich mich noch erinnern, wenn ich irgendwann einmal meine Karriere in der Kreisklasse als Stürmer ausklingen lasse." Seine größten Erfolge feierte Ronaldinho mit der brasilianischen Nationalmannschaft und dem FC Barcelona.

Geboren am: 21. März 1980 in Porto Alegre, Brasilien
Position: Mittelfeld
Vereine:
1998–2001 Grémio Porto Alegre; 2001–2003 Paris Saint-Germain; 2003–2008 FC Barcelona; 2008–2011 AC Mailand; 2011–2012 CR Flamengo; 2012–2014 Atlético Mineiro; 2014–2015 Quéretaro Fútbol Club; 2015 Fluminense Rio de Janeiro
Nationalmannschaft: 97 Länderspiele für Brasilien
Erfolge/Auszeichnungen (Auswahl):
2002 Weltmeister; 1999 Copa-América-Sieger; 2006 Champions-League-Sieger; 2005, 2006 Spanischer Meister; 2013 Copa Libertadores; 2005 Europas Fußballer des Jahres; 2004, 2005 Weltfußballer des Jahres

Ronaldo **(Ronaldo Luíz Nazário de Lima)**

Einer der erfolgreichsten Torjäger Brasiliens startete in seiner Jugend als Torwart, wechselte aber bald vors gegnerische Tor und wurde einer der besten Stürmer aller Zeiten. Gegen Ende seiner Karriere machten ihm gesundheitliche Probleme zunehmend zu schaffen. Seit 2003 setzt sich Ronaldo als UN-Botschafter – u.a. gemeinsam mit Zinédine Zidane – beim „Match against Poverty" der Vereinten Nationen für Projekte gegen die Armut ein.

Geboren am: 22. September 1976 in Rio de Janeiro, Brasilien
Position: Stürmer
Vereine:
1993–1994 Cruzeiro Belo Horizonte; 1994–1996 PSV Eindhoven; 1996–1997 FC Barcelona; 1997–2002 Inter Mailand; 2002–2007 Real Madrid; 2007–2008 AC Mailand; 2009–2011 Corinthians São Paulo
Nationalmannschaft: 98 Länderspiele für Brasilien
Erfolge/Auszeichnungen (Auswahl):
1994, 2002 Weltmeister; 1997, 1999 Copa-América-Sieger; 1997 Europapokal der Pokalsieger; 1998 UEFA-Pokal-Sieger; 2002 Weltpokalsieger; 2007 Klub-Weltmeisterschaft; 1993, 2009 Brasilianischer Pokalsieger; 1996 Niederländischer Pokalsieger; 1997 Spanischer Pokalsieger; 2003, 2007 Spanischer Meister; 1997, 2002 Europas Fußballer des Jahres; 1996, 1997, 2002 Weltfußballer des Jahres

Mit 15 Treffern war Ronaldo von 2006 bis 2015 WM-Rekordtorjäger.

Cristiano Ronaldo (Cristiano Ronaldo dos Santos Aveiro)

Sein unerschütterliches Selbstbewusstsein ist nicht unbegründet: Real Madrid zahlte 2009 eine Rekordablösesumme von 94 Millionen Euro für den portugiesischen Flügelstürmer. Zu seiner Vorstellung im neuen Klub kamen über 80 000 Fans ins ausverkaufte Estadio Santiago Bernabéu. Seine überragende Schusstechnik macht ihn zum gefürchteten Schützen. Wegen seiner Körperhaltung bei Freistößen wird er auch „Pistolero" (Revolverheld) genannt. Das gehört ebenso zu seinen Markenzeichen wie sein doppelter Übersteiger, seine Beidfüßigkeit und Schnelligkeit. Cristiano Ronaldo liebt die Show auf und neben dem Platz.
Geboren am: 5. Februar 1985 in Funchal, Portugal
Position: Stürmer
Vereine:
2001–2003 Sporting Lissabon; 2003–2009 Manchester United; 2009–2018 Real Madrid; 2018–2021 Juventus Turin; 2021–2022 Manchester United; seit 2023 al-Nassr FC
Nationalmannschaft: Portugal
Erfolge/Auszeichnungen:
2016 Europameister; 2008, 2014, 2016, 2017, 2018 Champions-League-Sieger; 2007, 2008, 2009 Englischer Meister; 2004 Englischer Pokalsieger; 2011, 2014 Spanischer Pokalsieger; 2012, 2017 Spanischer Meister; 2007, 2008 Englands Fußballer des Jahres; 2008 Europas Fußballer des Jahres; 2008, 2013, 2014, 2016, 2017 Weltfußballer des Jahres

Uwe Seeler (†) und Pelé (†) bei einem Benefizspiel in Braunschweig (1975).

Uwe Seeler

„Uns Uwe" blieb seinem Klub, dem HSV, immer treu. Er verzichtete 1961 sogar auf ein sehr lohnendes Angebot von Inter Mailand. Als Denkmal für ihn hat der HSV sich eine überdimensionale Nachbildung seines rechten Fußes aus Bronze vor das Stadion gestellt. Mit der Nationalmannschaft konnte Seeler nie einen großen Titel holen, trotzdem war er einer der beliebtesten Spieler Deutschlands. Er war der zweite Fußballer nach Fritz Walter, der zum Ehrenspielführer der Nationalelf ernannt wurde.
Geboren am: 5. November 1936 in Hamburg, Deutschland
Gestorben am: 21. Juli 2022 in Norderstedt, Deutschland
Position: Stürmer
Verein:
1953–1972 Hamburger SV
Nationalmannschaft: 72 Länderspiele für Deutschland
Erfolge/Auszeichnungen (Auswahl):
1966 Vize-Weltmeister; 1960 Deutscher Meister; 1963 DFB-Pokalsieger; 1960, 1964, 1970 Deutschlands Fußballer des Jahres; 1974 Erster Torschützenkönig der Bundesliga (30 Tore); Ehrenspielführer der deutschen Nationalmannschaft

George (Tawlon Manneh Oppong Ousman) Weah

Er ist ein Held in seinem Heimatland Liberia. Dreimal wurde George Weah Afrikas Fußballer des Jahres und als erster afrikanischer Spieler zum Weltfußballer gewählt. In Europa wurde er in den 1990er-Jahren in der französischen und italienischen Liga zum herausragenden Angreifer. Nach seiner aktiven Sportlerlaufbahn stellte er sich für das Präsidentenamt in Liberia zur Wahl.
Geboren am: 1. Oktober 1966 in Monrovia, Liberia
Position: Stürmer
Vereine:
1987–1988 Tonnerre Kalara Club de Yaoundé; 1988–1992 AS Monaco; 1992–1995 Paris Saint-Germain; 1995–2000 AC Mailand; 2000 FC Chelsea (Leihe); 2000 Manchester City; 2000–2001 Olympique Marseille; 2001–2003 Al-Jazira Club
Nationalmannschaft: 60 Länderspiele für Liberia
Erfolge/Auszeichnungen (Auswahl):
1986, 1987 Liberischer Meister; 1988 Meister in Kamerun; 1991, 1993, 1995 Französischer Pokalsieger; 1994 Französischer Meister; 1996, 1999 Italienischer Meister; 2000 Englischer Pokalsieger; 1989, 1994, 1995 Afrikas Fußballer des Jahres; 1995 Weltfußballer und Europas Fußballer des Jahres, 1998 Afrikas Fußballer des Jahrhunderts

Zinédine (Yazid) Zidane

Eine äußerst geschickte Ballbehandlung und präzise Schüsse machten „Zizou“ zu einem der ganz Großen. Der geniale Fußballer gilt als zurückhaltend, konnte aber auf dem Platz plötzlich ausrasten. In seinem letzten Spiel, dem Finale der WM 2006, rammte er seinen Kopf mit Wucht in die Brust von Marco Materazzi (Italien). Dafür sah Zidane berechtigt die Rote Karte, auch wenn der Italiener ihn zuvor böse provoziert hatte. Seit 2016 ist Zidane Trainer von Real Madrid.

Geboren am: 23. Juni 1972 in Marseille, Frankreich

Position: Mittelfeld

Vereine:
1988–1992 AS Cannes; 1992–1996 Girondins Bordeaux; 1996–2001 Juventus Turin; 2001–2006 Real Madrid

Nationalmannschaft: 108 Länderspiele für Frankreich

Erfolge/Auszeichnungen als Spieler:
1998 Weltmeister; 2000 Europameister; 1996, 2002 Weltpokalsieger; 2002 Champions-League-Sieger; 1997, 1998 Italienischer Meister; 2003 Spanischer Meister; 1998, 2002 Frankreichs Fußballer des Jahres; 1998 Europas Fußballer des Jahres; 1998, 2000, 2003 Weltfußballer des Jahres

Zidane im Viertelfinalspiel gegen Spanien bei der EM 2000.

Dino Zoff

„Dino Nazionale“ nennen ihn seine Fans. Er gilt als einer der größten Keeper aller Zeiten. Bei vier Weltmeisterschaften stand er für Italien im Tor, als 40-Jähriger gewann er 1982 endlich den Titel. Nach seiner aktiven Zeit auf dem Platz holte er als Trainer 1990 mit Juventus Turin die Coppa Italia und den UEFA-Pokal und wurde mit der italienischen Nationalmannschaft 2000 Vize-Europameister.

Geboren am: 28. Februar 1942 in Mariano del Friuli, Italien

Position: Torwart

Vereine:
1961–1963 Udinese Calcio; 1963–1967 AC Mantova; 1967–1972 SSC Neapel; 1972–1983 Juventus Turin

Nationalmannschaft: 112 Länderspiele für Italien

Erfolge/Auszeichnungen:
1982 Weltmeister; 1968 Europameister; 1977 UEFA-Pokal-Sieger; 6 x Italienischer Meister; 1979, 1983 Italienischer Pokalsieger

Ampeln, Bananen und Schwalben – Begriffe aus der Fußballwelt

Abstieg
Klub muss zum Saisonende in die nächstniedrigere Spielklasse (Liga) wechseln

Ampelkarte
Gelbe Karte, auf die sofort eine Rote Karte (und damit der Platzverweis) folgt, weil der Spieler zuvor schon mit Gelb verwarnt worden ist

Anschlusstreffer
Treffer für die zurückliegende Mannschaft, der die Tordifferenz zum Gegner von zwei Toren auf eins verringert, sodass der Ausgleich wieder möglich ist

Aufstellung
Spieler und ihre Positionen auf dem Platz zu Spielbeginn; wird vom Trainer festgelegt und kurz vor Anpfiff bekanntgegeben

Aufstieg
Klub spielt in der kommenden Saison in der nächsthöheren Spielklasse

Ballbesitz
Spieler einer Mannschaft kicken den Ball zwischen sich hin und her bzw. ein Spieler führt den Ball und ist im *Ballbesitz*

Ballkontakt
Ballberührung

Bananenflanke
weiter, hoher Schuss (→ Flanke) mit gekrümmter Flugbahn

Blutgrätsche
brutales, rücksichtsloses Hineinrutschen in die Beine des Gegners mit gestrecktem Bein

Distanzschuss
Schuss aufs Tor aus großer Entfernung

Doping
verbotene Einnahme von Mitteln zur Leistungssteigerung

Double
Gewinn der nationalen Meisterschaft und des nationalen Pokal-Wettbewerbs in derselben Saison

Effet
Drall, der die Flugbahn des Balls verändert

Eigentor
unabsichtlicher, unglücklicher Treffer ins eigene Tor

eingleisige Liga
eine gemeinsame Liga (im Gegensatz zu mehreren parallel stattfindenden Wettbewerben in unterschiedlichen Landesteilen)

enge Kiste
Reporterfloskel: Das wird eine *enge Kiste* = eine knappe Entscheidung

Fahrstuhlmannschaft
Klub, der häufig auf- und absteigt

Fahrt aufnehmen
Reporterfloskel: Das Spiel *nimmt Fahrt auf* = gewinnt an Tempo

Fair Play
faires Verhalten über vorgeschriebene Regeln hinaus

Finte
Austricksen des Gegners mit dem Ball durch Antäuschen einer Aktion (z. B. → Übersteiger)

Flanke
von den Seiten geschossener, hoher langer Ball vors gegnerische Tor

Flügelstürmer
Spieler, der über die Seiten nach vorne stürmt

Grätsche
Spieler rutscht mit gestrecktem Bein flach über den Boden in den Ball, um den Gegner vom Ball zu trennen

Grottenkick
unglaublich schlechtes, langweiliges Fußballspiel

Hackentrick
Änderung der Flugbahn des Balls durch Kicken mit der Ferse

Hattrick
drei Tore eines Spielers in einem Spiel

Heimmannschaft
das Team, das Gastgeber eines Matchs ist, also auf dem eigenen Platz vor heimischem Publikum antritt

Kader
alle Spieler eines Vereins oder eines Nationalteams, die in einer Saison oder für einen Wettbewerb zur Verfügung stehen und eingesetzt werden dürfen

Kellerduell
Spiel zweier Mannschaften auf den unteren Tabellenplätzen

Klassenerhalt
den *Klassenerhalt* schaffen = in der aktuellen Spielklasse bleiben, den Abstieg vermeiden

Konter
Gegenangriff

Kreuzeck
rechte oder linke obere Ecke im Tor

La-Ola-Welle
von begeisterten Zuschauern auf den Rängen durch Aufstehen und Hinsetzen erzeugte Welle

Legionär
Spieler, der bei einem Klub im Ausland unter Vertrag ist

Libero
Abwehrspieler ohne direkten Gegenspieler, der auch den Angriff des eigenen Teams mitgestaltet; heute so gut wie nicht mehr im Einsatz

Lupfer
frecher Schuss, bei dem der Ball ohne viel Kraft im Bogen z. B. über einen Gegenspieler gehoben wird

mauern
sehr defensiv spielen, mit vielen Spielern den Weg zum Tor zustellen

Mittelfeldregisseur
Spielgestalter im Mittelfeld

Nachschuss
erneuter Schuss aufs Tor, wenn ein Angreifer nach einer Abwehraktion der Gegner direkt wieder an den Ball kommt

Pflichtspiel
offizielles Wettkampfspiel

Profi
Berufsfußballer

Qualifikation
Spiele, bei denen die Berechtigung zur Teilnahme an einem Wettbewerb erkämpft wird

Rasenschach
sehr vorsichtiges, taktisches Spiel

Rekordmeister
Verein, der die Meisterschaft am häufigsten gewonnen hat

Rudelbildung
Gedränge mehrerer Spieler beider Teams, die streiten, protestieren und handgreiflich werden

Schiedsrichterball
Spielfortsetzung nach Unterbrechungen, für die es keine andere Regelung gibt, z. B. nachdem der Ball kaputtgegangen ist, der Schiedsrichter unbegründet gepfiffen hat oder ein Zuschauer auf den Platz gelaufen ist; der Schiedsrichter lässt den Ball zwischen den Spielern aufs Spielfeld fallen

Schwalbe
Aktion, bei der sich ein Spieler fallen lässt, als wäre er gefoult worden, ohne dass dies tatsächlich passiert ist

Schwalbenkönig
Spieler, der häufig versucht, durch Schwalben einen Vorteil für seine Mannschaft herauszuholen

Standardsituation
Situationen, bei denen durch die Regeln vorgegeben ist, wie der Ball ins Spiel gebracht wird, z. B. Eckstoß und Freistoß

Startelf
die elf Spieler eines Teams, die zu Beginn des Spiels auf dem Platz stehen

taktisches Foul
bewusst eingesetztes Foul, das dazu dient, einen Angriff zu unterbrechen; in der Regel ohne Verletzungsgefahr für den Gegner

Torwartparade
Reaktion des Torhüters, mit der er einen Ball abwehrt und einen Treffer verhindert

Trainerkarussell
Entlassungen und Neuverpflichtungen von Trainern und deren Wechsel zwischen den Klubs

Übersteiger
Trick zur Richtungsänderung beim Dribbeln: Der Schussfuß wird auf die andere Seite des Balls gesetzt und der Ball mit dem Außenspann des anderen Fußes weitergekickt

unhaltbar
unmöglich für den Torwart, den Treffer zu verhindern

Volley
aus der Luft geschossener Ball, bevor dieser den Boden berührt

vorbelastet
Spieler ist bereits im Wettbewerb so oft verwarnt worden, dass eine weitere Gelbe Karte seine Sperre bedeutet

Vorteil
Schiedsrichter kann das Spiel trotz eines Regelverstoßes weiterlaufen lassen, wenn das andere Team in Ballbesitz und dadurch im *Vorteil* ist

Zitterpartie
sehr knappes Fußballmatch, bei dem eine Mannschaft ihren Vorsprung mit Glück bis zum Schlusspfiff rettet

zwölfter Mann
die Fans im Stadion

Fußball im Internet

Noch mehr Lust auf Fußball? Viele weitere Informationen zum Thema findest du im Internet. Hier eine Auswahl an Links.

Hintergrundinfos und Spielergebnisse:

de.fifa.com Die offizielle Internetseite der FIFA informiert über den Weltfußballverband, über die Geschichte des Spiels und seine Regeln, über internationale Wettbewerbe einschließlich der Ergebnisse und vieles mehr.

de.uefa.com Die Homepage der UEFA bietet Informationen zum europäischen Fußballverband, zu den Mitgliedsverbänden, zu europäischen Wettbewerben, Klubs und Spielern und vieles mehr.

www.dfb.de Die Homepage des Deutschen Fußball-Bundes beschäftigt sich unter anderem mit den deutschen Klubs und ihren Spielen, den deutschen Nationalmannschaften und ihren Wettbewerben sowie dem Fußballnachwuchs.
www.dfb.de/sportl-strukturen/talentfoerderung/start Direkter Link zur Talentförderung des DFB.
www.dfb.de/die-mannschaft/start/ Link zu den Seiten der deutschen Nationalmannschaft der Männer.

www.bundesliga.com/de Die offizielle Website der deutschen Bundesliga zeigt Spielergebnisse und Tabellenplätze, liefert aktuelle Meldungen und viele Hintergrundinformationen.

www.fussball.de Die Plattform zeigt Fußballergebnisse von den deutschen Amateuren bis hin zu Nationalmannschafts-Wettbewerben.

www.oefb.at Die Homepage des österreichischen Fußballbunds informiert über das Nationalteam, über Frauenfußball in Österreich, den Nachwuchs und vieles mehr.

www.bundesliga.at Hier findet man alles zur österreichischen Fußball-Bundesliga.

www.football.ch Der schweizerische Fußballverband liefert auf seiner Homepage unter anderem Berichte und Ergebnisse aus den schweizerischen Ligen und von der Nationalmannschaft.

Kinderseiten:

https://kinder.wdr.de/tv/neuneinhalb/extra/fussball/index.html Hier finden Kinder viel Wissenswertes rund um die beliebteste Sportart in Deutschland in Form von Videos und Artikeln.

https://klexikon.zum.de/wiki/Fußball Wie geht Fußball und woher kommt das Spiel überhaupt? Klexikon gibt kindgerechte Antworten.

https://www.zdf.de/kinder/loewenzahn/fussball-110.html In der Löwenzahn-Folge „Wer gewinnt das Derby FC Bärstadt gegen Schifferdorf?" dreht sich alles um das runde Leder.

https://www.geo.de/geolino/mensch/13472-rtkl-fussball-die-spielregeln Geolino bringt Licht ins Fußball-Dunkel und stellt wichtige und wunderliche Bestimmungen des 120 Seiten langen Regelkatalogs des Deutschen Fußball-Bundes vor.

Ausflugsziel:

www.fussballmuseum.de Das Deutsche Fußballmuseum in Dortmund lässt in seiner Ausstellung und mit verschiedenen Veranstaltungen deutsche Fußballgeschichte lebendig werden.

Die Inhalte aller Internetadressen in diesem Buch wurden mit größtmöglicher Sorgfalt ausgesucht. Die Inhalte der Seiten können aber jederzeit von den Anbietern geändert werden. Daher übernehmen wir trotz sorgfältiger Prüfung keine Haftung für die Richtigkeit, Vollständigkeit und Aktualität dieser Webseiten.

Register

Bildnachweis

o. = oben, u. = unten, l. = links, r. = rechts, M. = Mitte, H. = Hintergrund, S. = Silhouette

Umschlagfotos: Adobe Stock/vikidi (Silhouette); picture alliance/DeFodi Images/Andrew Wiseman (Alexandra Popp); picture alliance/dpa/Christian Charisius (Jamal Musiala); picture alliance/dpa/Tom Weller (Harry Kane); picture alliance /Eibner-Pressefoto/Memmler (Olga Carmona); picture alliance/EPA/Beate Oma Dahle (Erling Haaland); picture alliance /foto2press/ Oliver Baumgart (Giulia Gwinn); picture alliance/Jens Niering (Karim Adeyemi); picture alliance/ZUMAPRESS.com/Conor Molloy (Kai Havertz)

Innenteil: Adobe Stock/vikidi: Seite 3 S.; Amy Myers/fotolia: Seite 50 u.; beermedia/fotolia: Seite 5 (Ball), 10/11, 38/39; bystudio/fotolia: Seite 102/103 H.; Elnur/fotolia: Seite 12 l.; Familie Schöll: Seite 56 o.; Frank Rohde/fotolia: Seite 5 H., 23 H., 35 H., 49 H., 57 H., 81 H., 93 H., 99 H., 149 H.; Guido Grochowski/fotolia: Seite 14 u.; iamsania/fotolia: Seite 57 u., 62– 65 S., 163 u.; jogyx/fotolia: Seite 18/19 H.; Lucky Dragon USA/fotolia: Seite 13 u., 40 u.; LVDESIGN/fotolia: Seite 50 o.; massimhokuto/fotolia: Seite 15 r.; Nataliia Bielous/fotolia: Seite 35 (Tor), 41 o.; picture alliance: Seite 42, 75o., 156 u.; picture alliance/AA/Stringer: Seite 94 u.; picture alliance/AP images: Seite 54 u.; picture alliance/AP Photo: Seite 11 o., 19 o., 83; picture Alliance/APA/picturedesk.com: Seite 70; picture alliance/ASA: Seite 154 u., 157 l.; picture alliance / ATP photo agency/Daniela Porcelli/SPP: Seite 129 u.; picture alliance/augenklick: Seite 14, 33, 45, 94o., 99, 123; picture alliance/augenklick/firo Sportphoto: Seite 17, 28 o., 30, 90, 97 o.; picture alliance/augenklick/GES: Seite 5 S., 12, 40 o., 44, 100/101, 109 u., 126, 164 o. S.; picture alliance/augenklick/KUNZ: Seite 115; picture alliance/augenklick/Lacy Perenyi: Seite 112, 122 o., 160 o.; picture alliance/ augenklick/Rauchensteiner: Seite 49 S.; picture alliance/Beautiful Sprot/Julian Meusel: Seite 111; picture alliance/Claus Bergmann: Seite 42/43 u.; picture alliance/CHROMORANGE/Udo Herrmann: Seite 146 o.; picture alliance/DeFodi Images/Amy Halpin: Seite 129 o.; picture alliance/DeFodi Images/Sajad Imanian: Seite 128; picture alliance/DeFodi Images/Harry Langer: Seite 137 o.; picture alliance/dpa: Seite 10, 13 o., 18, 21 u., 23 S., 24/25, 26/27, 35 S., 41 u., 47 u., 52/53, 55, 58/59 u., 64, 65 u., 82, 86, 93 S., 98 u., 100, 109 o., 102, 105 o., 124, 125, 127, 151 o., 150, 159o.; picture-alliance/dp/epa AFP John Zich: S.158; picture alliance/dpa/Federico Gambarini: Seite 132 u. picture alliance/dpa/MAXPPP/Cyril Dodergny: Seite 133 u.; picture alliance/dpa/Daniel Reinhardt: Seite 132 M.; picture alliance/dpa/Roland Weihrauch: Seite 148 u.; picture alliance/ dpaReport: Seite 59 o., 68, 152 u., 156 o.; picture alliance/dpaSportreport: Seite 65 o., 96, 99 S., 114, 116 o., 122 M., 119 o., 153 o., 149 r., 153 o.; picture alliance/DPPI Media: Seite 127; picture alliance/Eibner Pressefoto: Seite 29 u.; picture alliance/Eibner Pressefoto/Eibner-Memmler: Seite 78 u., 80 u.r., 80 o.r., 80 o.M.; picture alliance/Eibner-Pressefoto/Heike Feiner: Seite 80 M.; picture alliance / Eibner-Pressefoto/Marcel von Fehrn: S.143 u.; picture alliance/Eibner-Pressefoto/Wolfgang Frank: Seite 147u.; picture alliance/Eibner-Pressefoto/Joerg Nieberga: Seite 140 u.; picture alliance / Eibner-Pressefoto/Ulrich Scherba; picture alliance/Eibner-Pressefoto/Stephanie Zerbe: S.146 u.; picture alliance/empics: Seite 7, 36, 87, 98 o.; picture alliance/empics/Adam Davy: Seite 88; picture alliance/EPA/RODRIGO ANTUNES: Seite 137 u.; picture alliance/EPA/MALTON DIBRA: S.135 o.; picture alliance/EPA/Tamas Kovacs: S.136 o.; picture alliance / EPA/OLIVIER MATTHYS: Seite 135 u.; picture alliance/Dennis Ewert/RHR-FOTO: Seite 43 o., 144 u.; picture alliance/ESTADO CONTEUDO: Seite 105 u.; picture alliance/Focus Images/EXPA/picturedes: Seite 133 o., 134 o., 134 u. picture alliance/Foto Huebner: Seite 31, 46; picture alliance/foto2press: 103; picture alliance/foto2press/Oliver Baumgart: Seite 75u., 80 M.l.; picture alliance/foto2press/Mirko Kappes: Seite 80 M.u., 80 M.r, 107 S.; picture alliance/foto2press/Sven Leifer: Seite 80 o.l.; picture alliance/Fotostand/Wassmuth: Seite 71; picture; picture alliance/GES/Marvin Ibo Güngör: Seite 96; picture alliance/GESSportfoto: Seite 113; picture alliance/GES-Sportfoto/Werner Eifried: Seite 20; picture alliance / Andreas Gora: S.139 u.; picture alliance/HJS-Sportfotos/Hans-Jürgen Schmidt: Seite 142 o.;picture alliance/Georg Hochmuth/APA/picturedesk.com: Seite 78 o.; picture alliance/Imagno: Seite 6/7; picture alliance/KEYSTONE: Seite 73; picture alliance/KEYSTONE/ Ennio Leanza: Seite 79; picture alliance/kolbert-press/Ulrich Gamel: Seite 141 u.; picture alliance/Mark Leech: Seite 159 u.; picture alliance/Mika: Seite 94/95 u.; picture alliance/M.i.S.Sportpressefoto: Seite 47 o.; picture alliance / Neundorf/Kirchner-Media: Seite 140 o.; picture alliance/Norbert Schmidt: Seite 21 o.; alliance/nordphoto: Seite 57 S., 61 o.; picture alliance/NurPhoto/Urbanandsport: Seite 84; picture alliance/Pressefoto Baumann: Seite 120, 151 u., 155 o.; picture alliance/Pressefoto Ulmer: Seite 119 M.; picture alliance/Pressefoto Ulmer/Bjoern Hake: Seite 152 o.; picture alliance/Pressefoto Ulmer/Claus Cremer: Seite 15 l., picture alliance/Pressefoto Ulmer/Florian Eisele: Seite 155 u.; picture alliance/Pressefoto Ulmer/Lukas Coch: Seite 62; picture alliance/Pressefoto Ulmer/Markus Ulmer: Seite 28 u., 29 o.; picture alliance/REUTERS: Seite 19 u.; picture alliance/REUTERS/Andrew Couldridge: Seite 85 u.; picture alliance/RzepkaPressefoto: Seite 119 o., 121 l.; picture alliance/Sven Simon: Seite 16, 32, 60, 61 u., 63, 66/67, 74, 116 u., 121 r., 157 u. S., 153 u., 154 o., 161 u.; picture alliance/Sven Simon/Anke Waelischmiller: S.76; picture alliance/Jürgen Schwarz: Seite 77, 80 u.l., 81 S.; picture alliance/Wolfgang Weihs: Seite 149 S., 160 M.; picture alliance/ZB/euroluftbild.de/Hans Blossey: Seite 144 o., 147 o.; picture alliance / ZB/euroluftbild.de/Robert Grahn: Seite 141 o., 146 o.; picture alliance / ZB/euroluftbild.de/Martin Elsen: S.143 M., picture alliance /ZB/motivio: Seite 138 M., 145 o., 145 u.; picture alliance/ZUMA Press: Seite 81 S., 91, 164 u. S.; picture alliance/ZUMAPRESS.com/Agostino Gemito: Seite 89; picture alliance/ZUMAPRESS.com/Conor Molloy: Seite 85 o.; picture alliance/ZUMAPRESS.com/Ulrik Pedersen: Seite 136 u.; Produktmacherei/Stefanie Hahn: Seite 49 S., 44 u., 113 u.; saschi79/fotolia: Seite 22; scarlett/fotolia: Seite 51 u.; Smileus/fotolia: Seite 5, 8/9; Spencer/fotolia: Seite 8/9 H.; termis 1983/fotolia: Seite 51 o.; tolotola/fotolia: Seite 56 u.; VRD/fotolia: Seite 99 (Weltkugel); white/fotolia: Seite 92, 111 u.; Zerbor/fotolia: Seite 57, 62 (Karte)